Katja Wollmer

Die wollen doch nur spielen!

Die Reihe »Angewandte Sexualwissenschaft« sucht den Dialog: Sie ist interdisziplinär angelegt und zielt insbesondere auf die Verbindung von Theorie und Praxis. Vertreter_innen aus wissenschaftlichen Institutionen und aus Praxisprojekten wie Beratungsstellen und Selbstorganisationen kommen auf Augenhöhe miteinander ins Gespräch. Auf diese Weise sollen die bisher oft langwierigen Transferprozesse verringert werden, durch die praktische Erfahrungen erst spät in wissenschaftlichen Institutionen Eingang finden. Gleichzeitig kann die Wissenschaft so zur Fundierung und Kontextualisierung neuer Konzepte beitragen.

Der Reihe liegt ein positives Verständnis von Sexualität zugrunde. Der Fokus liegt auf der Frage, wie ein selbstbestimmter und wertschätzender Umgang mit Geschlecht und Sexualität in der Gesellschaft gefördert werden kann. Sexualität wird dabei in ihrer Eingebundenheit in gesellschaftliche Zusammenhänge betrachtet: In der modernen bürgerlichen Gesellschaft ist sie ein Lebensbereich, in dem sich Geschlechter-, Klassen- und rassistische Verhältnisse sowie weltanschauliche Vorgaben – oft konflikthaft – verschränken. Zugleich erfolgen hier Aushandlungen über die offene und Vielfalt akzeptierende Fortentwicklung der Gesellschaft.

Band 19
Angewandte Sexualwissenschaft
Herausgegeben von Ulrike Busch, Harald Stumpe,
Heinz-Jürgen Voß und Konrad Weller
Institut für Angewandte Sexualwissenschaft
an der Hochschule Merseburg

Katja Wollmer

Die wollen doch nur spielen!

Einblicke in die Subkultur des Petplay

Psychosozial-Verlag

Bibliografische Information der Deutschen Nationalbibliothek
Die Deutsche Nationalbibliothek verzeichnet diese Publikation in der Deutschen Nationalbibliografie; detaillierte bibliografische Daten sind im Internet über http://dnb.d-nb.de abrufbar.

Originalausgabe

E-Mail: info@psychosozial-verlag.de
www.psychosozial-verlag.de

Umschlaggestaltung & Innenlayout nach Entwürfen von Hanspeter Ludwig, Wetzlar
Satz: metiTec-Software, me-ti GmbH, Berlin, www.me-ti.de
ISBN 978-3-8379-2641-5 (Print)
ISBN 978-3-8379-7455-3 (E-Book-PDF)
ISSN 2367-2420

Inhalt

1 Ludi incipiant – Eine Einleitung

> »Ich will auf einer Wiese wie ein Pferd galoppieren
> und dabei Zaumzeug tragen.
> Ich will bellend einem Ball nachjagen
> oder mich auf einer Decke miauend räkeln.
> Ich suche einen Menschen, der für mich ein Tier darstellt,
> damit wir miteinander spielen können.«

Die Kinder laufen über die Wiese und machen laute Geräusche – sie wiehern, schnaufen, stampfen. Sie haben einem von ihnen ein Seil um die Hüften gelegt und es läuft voran. Es zieht kräftig am Seil und das andere Kind hinter sich her, das beruhigende Laute von sich gibt. Da kommt ein anderes auf sie zu, auf allen Vieren läuft es um sie herum und bellt laut. Plötzlich wirft es sich auf den Rücken, hält die Arme angezogen am Oberkörper und wackelt mit der Hüfte hin und her, während es sich im Gras herumdreht. Erwachsene gehen daran vorbei, schenken den lärmenden Kindern ein Lächeln und stellen fest: »Die Kinder spielen aber schön miteinander.« Keine moralische Warnleuchte blinkt und die Erwachsenen schämen sich nicht bei diesem Anblick. Und jetzt stellen wir uns vor, dass dort nicht Kinder, sondern Erwachsene auf dieselbe Weise miteinander spielen. Was wäre anders?

In der medialisierten und hoch technisierten Zeit prägt die tägliche Internetnutzung und der teils schnelllebige Austausch von Informationen via Smartphone oder Tablet-Computer das Leben der Menschen. Dies beeinflusst auch die Sozialisation von Jugendlichen. Neben den Entwicklungsaufgaben der Adoleszenz, zu denen beispielsweise das Finden der eigenen Geschlechterrolle und die Entwicklung eines eigenen Werte- und Normensystems gehört[1], sehen sich heute junge Menschen und ihre Sozialisationsagent_innen[2,3] mit neuen, diversifizierten Aufgaben konfrontiert. »Generation Porno« werden die Heranwachsenden genannt und zuweilen mit dem Vorwurf konfrontiert, dass sie »internetsüchtig« seien, weil sie ihr Smartphone scheinbar nicht mehr aus der Hand legen können. Doch welchen Beitrag sie für diese Welt leisten können und welchen unmittelbaren Nutzen sie aus der digitalen Welt ziehen, wird gesellschaftlich oftmals unterschätzt. Internationale Vernetzung in Sekundenbruchteilen, auch für gesellschaftliche (Rand-)Gruppen, kann ehemals ausgeschlossenen, als »bizarr« und zu »Außenseiter_innen« erklärten Menschen Zugang zu einer (subkulturellen[4]) Gemeinschaft eröffnen, in der andere – vielleicht auf einem anderen Kontinent, aber vielleicht auch nur 20 Kilometer entfernt – gleiche Fantasien, Wünsche und Werte (er-)leben. Das kann eine wertvolle zwischenmenschliche Gelegenheit darstellen, vor allem für Erwachsene, die ihre Persönlichkeit gefestigt haben und in der Gesellschaft oft einfach nur funktionieren sollen. Gera-

1 Dieses Konzept basiert auf den von Robert J. Havighurst entwickelten Entwicklungsaufgaben (1948).

2 Die gezielte Nutzung des Gender Gaps soll in diesem Buch die Vielfalt existierender Geschlechtsidentitäten betonen und den Raum jenseits der Geschlechterbinarität öffnen.

3 Unter »Sozialisationsagent_innen« sind alle Menschen und Institutionen (Familie, Freund_innen, Kinderbetreuung in Kitas, Schulen, Sportvereinen etc.) zu verstehen, die Einfluss auf die Sozialisation eines Menschen (hier vor allem von Kindern und Jugendlichen) nehmen.

4 Eine Subkultur ist ein »Teil eines größeren kulturellen Ganzen« (Endruweit & Trommsdorff, 2002, S. 583) und zeichnet sich durch »eigene« Norm- und Wertevorstellungen (ggf. von der vorherrschenden Norm der übrigen Gesellschaft abweichend) sowie eigene Regeln bis hin zu einem eigenen Ehrenkodex aus. Sie ist eine Art »moderne Gesellungsform […], die durch ein gemeinsames Interesse an einer Freizeitbeschäftigung oder einem gemeinsamen Lebensstil konstituiert ist« (Behr, 2007, S. 12).

de ihnen wird das Spielen im Gegensatz zu Kindern nicht mehr wertfrei gestattet, es sei denn, es handelt sich um ein anerkanntes Hobby (Sport, Musik, Handwerk o. Ä.) oder – wie in der Generation der 25- bis 40-Jährigen – um Konsolenspiele vor dem heimischen Flachbildschirm.

Die gesellschaftlichen Veränderungen, die mit der sogenannten Sexuellen Revolution begannen, betreffen auch das Themenfeld der Sexualität[5] und das Beziehungsverhalten[6]. Auf der einen Seite entwickeln sich »Neosexualitäten« – so bezeichnet Volkmar Sigusch die zunehmende gesellschaftliche Akzeptanz gegenüber ehemals pathologisierten und teilweise kriminalisierten geschlechtlichen Identitäten und sexuellen Orientierungen – und sexuelle Handlungen folgen einer Verhandlungsmoral (vgl. z. B. Sigusch, 2005); auf der anderen Seite sind Menschen in ihrem eigenen Umfeld weiterhin mit teils strengen Normvorstellungen konfrontiert, gerade wenn es um das (sexuelle) Spielen geht. Ein Balanceakt.

Die gesellschaftlichen Pluralisierungen geschlechtlicher Identitäten und (sexueller) Lebensweisen fordert eine gesellschaftliche Auseinandersetzung mit dem Thema, was bedeutet, dass sich auch die Sexualwissenschaft, die Sexuelle Bildung und die Sexualberatung sowie die ihnen verwandten Tätigkeitsfelder weiterentwickeln müssen. Was antworten Sie einem Erwachsenen, der Ihnen von seiner Fantasie erzählt, dass er gerne (zeitlich begrenzt) als Tier behandelt werden möchte oder sich wünscht, eine andere Person als Tier zu umsorgen?

---

5 In diesem Buch wird bewusst keine (feste) Definition von Sexualität verwendet, da bestehende Umschreibungen von Sexualität allzu umfassend oder zu differenziert sind, um Petplay angemessen abzubilden.

6 Hiermit ist mehr als die zweisame, monogame Paarbeziehung gemeint, so werden weitere Ausgestaltungsmöglichkeiten des zwischenmenschlichen Beziehungs- und Sexualverhaltens explizit in die Definition von »Beziehungsverhalten« eingeschlossen.

Der sexualwissenschaftlichen Forschung ist das Thema Petplay[7] noch relativ fremd, da sich die Sexuelle Bildung, Sexualberatung und andere Fachbereiche noch nicht ausreichend auf fundierte, valide Quellen berufen können. Dieses Buch, in dem ich mich theoretisch mit dem Thema beschäftige und das auf Interviews beruht, leistet daher einen wissenschaftlichen Beitrag zum Thema Petplay. Es dient zur Anregung weiterer wissenschaftlicher Arbeiten, aber durchaus auch zur Motivierung Interessierter, Petplay vielseitig und vertiefend zu erkunden.

Um sich der Beantwortung der Frage »Was ist Petplay?« anzunähern, liegt der Fokus in den ersten beiden Kapiteln zunächst auf den Begriffen »Pets«, also auf Haus- und Nutztieren im Verhältnis zum Menschen (vgl. Kap. 2), und »Play«, also dem Spielen (vgl. Kap. 3).

In Kapitel 2 wird die historisch-kulturelle Kontextualisierung der Beziehung zwischen Menschen und Tieren ergründet. Anhand von religiösen und spirituellen Konzepten wird rückblickend die Entwicklung der einerseits intimen und andererseits sexuellen Beziehungen zu (Haus-)Tieren betrachtet. Hieraus ergibt sich die Frage nach einer Abgrenzung zwischen der Liebe zu Tieren und sexuellen Handlungen mit Tieren, weshalb gebräuchliche Begriffe wie »Sodomie«, »Zoophilie« und »Bestiality« differenziert betrachtet werden. Eine wichtige Rolle spielt hierbei auch der die menschliche Sozialisation und somit Haltung gegenüber Tieren prägende Faktor von Darstellungen von Tieren in Märchen, Comics und Filmen sowie in ausgewählten Beiträgen auf YouTube.

Im dritten Kapitel geht es zunächst um Theorien menschlicher Entwicklung – vom kindlichen Spielverhalten nach Remo H. Largo über die kindliche Sexualität nach Sigmund Freud bis hin zum Spielverhalten in der Erwachsenenwelt am Beispiel von (a-)sexuell konnotierten sowie erotischen Rollenspielen. An-

7 »Petplay« setzt sich aus dem Englischen »pet« für (Haus-)Tier und »play« für Spiel zusammen.

schließend werden die beiden Aspekte »Pet« und »Play« zusammengeführt und in Beziehung zum BDSM gesetzt. Aus aktueller sexualwissenschaftlicher Sicht lässt sich BDSM als Oberbegriff einer Klassifizierung von Petplay interpretieren bzw. lässt sich Petplay in die Definition von BDSM einschließen.

Trotz der übersichtlichen Literatur zu Petplay gibt es zwei nennenswerte Bücher, in die sich der Blick lohnt und hier daher Erwähnung finden: Michael Daniels 2003 erschienenes *WOOF! Perspectives into the Erotic Care & Training oft he Human Dog* und Rebecca Wilcox' 2008 publiziertes *The Human Pony. A Handbook for Owners, Trainers and Admires.*

Durch die leitfadengestützten Expert_inneninterviews eröffnen sich weitere Zugänge zur Thematik. Nach der knappen Darstellung der Interviewmethode werden die Ergebnisse der vier Expert_inneninterviews im fünften Kapitel präsentiert. In Kapitel 6 werden die Ergebnisse aus den Interviews mit den theoretischen Betrachtungen kontextualisiert. Abschließend kommen wir auf die Frage zurück: Was ist Petplay aus einer sexualwissenschaftlich fundierten Sicht?

2 Der Mensch und das Tier

Als Jäger_innen und Sammler_innen waren die Menschen früher auf Tiere als Nahrungsquelle angewiesen, ab der Jungsteinzeit lebten sie durch Ackerbau und Viehzucht zunehmend auch mit Tieren zusammen. Tiere wurden als Nutz- oder Haustiere, Reinkarnationen und Gött_innen betrachtet oder als unberechenbare Bedrohung im Alltag gefürchtet. Um die Verbindung zwischen Menschen und Tieren zu verstehen, ist es notwendig, diese sprachlich, emotional und spirituell zu betrachten. Im Fokus steht dabei besonders die Beziehung zwischen Menschen und den im Petplay am häufigsten verkörperten Tieren: Pferd, Hund und Katze. Hieraus ergibt sich die Frage, warum gerade diese im Petplay, wie es in westlichen, industrialisierten Staaten praktiziert wird, bedeutsam sind.

2.1 Gib mir Tiernamen! – Sprachliche Besonderheiten

Bis heute prägen Tiernamen, die den zugeschriebenen Charaktereigenschaften der Tiere entsprechen – zumeist mit beleidigender Intention –, unsere Sprache: Dumme Gans, angeberischer Gockel, dreckiges Schwein, lüsterner Bock, brutales Wildschwein, grausamer Wolf, treulose Katze sind nur einige Beispiele hierfür, vor allem dem Esel werden in diesem Kontext die verschiedensten negativen Merkmale zugeschrieben: stur, gefräßig, hässlich, laut, dumm (vgl. Fossier, 2009, S. 232). Es gibt noch weitere Beispiele für Eigenschaften, die Tiere in unserer Wahrnehmung verkörpern: Vögel sind anmutig und besonders Schwäne gelten als elegant,

Hunde wirken stets wachsam und Elefanten sind gelehrig, treu und voller Weisheit, während der Löwe als König der Tiere majestätisch ist und das – fabulöse – Einhorn als Symbol der Reinheit verstanden wird (vgl. ebd., S. 237). Dann gibt es noch jene Bezeichnungen, mit denen körperliche Besonderheiten eines Menschen mit dem Körperteil eines Tieres verglichen werden: Hasenscharte, Hühnerbrust oder Rattenkopf (vgl. Dekkers, 2003, S. 101).

2.2 In meinem Bett: Unberechenbares Ungeheuer vs. Familienmitglied

Der Mensch hatte immer auch Angst vor Tieren. Dieser Umstand ist einerseits ihrer oft unberechenbaren Erscheinung geschuldet, andererseits können sie Menschen sowohl direkten (Insektenstiche, Bären- oder Wildschweinangriffe, Infektionsübertragungen durch Ratten, Zecken u. a.) als auch indirekten (Wolf reißt Nutztiere, Heuschrecken vernichten die Ernte u. a.) Schaden zufügen, gegen den sich der Mensch nicht immer zur Wehr zu setzen (wusste und) weiß (vgl. Fossier, 2009, S. 232). Dennoch haben sich die Menschen einige Tiere zu Nutzen gemacht (z. B. Viehzucht), andere werden sogar als Haustiere zu emotional-partnerschaftlichen Gefährt_innen.

Schon der Verhaltensforscher Konrad Lorenz – der zu recht dafür kritisiert wird, sich nie von NS-Ideologien distanziert, sondern diese sogar unterstützt zu haben – hat untersucht, welche Merkmale eines Neugeborenen unter anderem ausschlaggebend für das angeborene Verhalten der Erwachsenen sind, ihn zu versorgen und zu lieben: Dazu gehören das pausbäckige Gesicht, die großen Augen, die kleine Nase, der runde Leib und die weichen Stummelbeine (vgl. Dekkers, 2003, S. 83). Man spricht hier von »Kindchenschema«, das in der Werbung und auch in der Spielzeugbranche Anwendung findet: »Spielzeugfabrikanten entwarfen aus den Eigenschaften des Kindchenschemas den Teddybären« (ebd.). Was den Teddy zusätzlich zu den kindlichen Eigenschaften so besonders macht, ist sein plüschiges, streichelbares Fell – sowohl zahm als auch flauschig muss also ein Tier sein (lieber Fell als Federn), damit es der Mensch nicht nur ins Haus, sondern auch mit ins Bett nimmt (vgl. ebd., S. 81f.).

2.3 Religion, Mythen und Legenden

In den verschiedensten Kulturen wurden zu den verschiedensten Zeiten Menschen sowie Gött_innen als Tiere oder Mischwesen dargestellt und als Reinkarnationen verehrt. Auch rituelle Tierbegräbnisse – teils kostspielig und aufwendig – sind schon aus frühen Zeiten bekannt. Diese gab es vermutlich nicht nur für die als göttlich verehrten Tiere, sondern auch für die, die in einer engen Beziehung zum Menschen standen (vgl. Meyer, 1975, S. 36).

> »Die Götterwelt des Alten Ägypten war sehr komplex, was nicht zuletzt an einer sehr weiten Verwendung des Begriff ›Gott‹ im Ägyptischen liegt. Außer für die großen Götter wurde er für weniger bedeutende Gestalten verwendet, die in der Forschung heute oft als Dämonen bezeichnet werden. Doch nicht nur imaginäre Wesenheiten konnten mit diesem Wort belegt werden, sondern auch höchst reale Entitäten wie Gestirne, heilige Tiere oder Könige und andere als göttlich erachtete Menschen.«[8]

Auch die urgeschichtlichen Gött_innen der Griechen und Römer waren »gestaltlose Mächte oder Tiere oder Gegenstände« (Becher, 1982, S. 38). In der römischen wie griechischen Religion erhielten Gött_innen später menschliche Gestalten, und sie

---

8 Von Lieven, Alexandra (2006). Götter/Götterwelten Ägyptens. http://www.bibelwissenschaft.de/de/wibilex/das-bibellexikon/lexikon/sachwort/anzeigen/details/goetter-goetterwelt-aegyptens/ch/ba8ee44ff066f150dcd53628e7580fb3/ (27.07.2018).

> »unterschieden sich von den Menschen durch Unsterblichkeit und große Macht, glichen ihnen jedoch in ihrem Denken und Fühlen, so daß bes. unter dem Einfluß Homers, Götterfamilien und -mythen entstanden. [...] Der frühere Tierkult erhielt sich daneben in geringen Rudimenten« (ebd., S. 39).

Beispiele von Gött_innen in teilweiser oder vollständiger Tiergestalt und von solchen, die sich in einzelnen Sagen durch Zoomorphismus (Verwandlung vom Menschen zum Tier) kurzzeitig als Tiere ausgaben, finden sich in unzähligen Geschichten. Im Folgenden werden einige von ihnen auszugsweise dargestellt.

Gottheiten in der ägyptischen Mythologie

- *Anubis (Totengott):* Darstellung als schwarzer Hund/Schakal bzw. Mensch mit Hunde-/Schakalskopf
- *Apis (Fruchtbarkeitsgott):* Darstellung als Stier
- *Horos (Himmels- und Sonnengott):* Darstellung als Falke
- *Isis (Göttermutter):* Darstellung mit einem Kuhkopf
- *Thot (Gott des Mondes, der Zeitrechnung, Schrift, Weisheit u. a.):* Darstellung in menschlicher Gestalt mit Ibis-Kopf, hockend oder in Mantelpaviangestalt; als Götterbote in der griechischen Mythologie mit Hermes gleichgesetzt

Gottheiten und Mischwesen in der griechischen und römischen Mythologie

In der griechischen und römischen Mythologie finden sich vielfältige Darstellungen[9] und Geschichten, die im Folgenden

9 Die Darstellungen anthropomorpher/zoomorpher Gött_innen diente der Betonung besonderer Eigenschaften, so wurde das »Göttliche« sichtbar, was nicht sichtbar war.

auszugsweise und nur beispielhaft anhand weniger Charaktere und einiger Geschichten aufgegriffen werden, um verbreitete und akzeptierte Vorstellungen vergangener Zeiten zu verdeutlichen.

- *Zeus (röm. Jupiter) (Göttervater):* Zu den bekanntesten Geschichten von fruchtbaren Tier-Mensch-Vereinigungen zählen die Entführung der phönizischen Königstochter Europa durch Zeus in Gestalt eines Stiers sowie die Eroberung Ledas, der Zeus in Gestalt eines Schwans erscheint (vgl. Becher, 1982, S. 620).
- *Acheloos (röm. Achelous) (Flussgott):* Dieser »begehrte die auch von Herakles umworbene Deianeira [...]. Während des Kampfes verwandelte sich A[cheloos] in eine Schlange, dann in einen Stier, dem Herakles ein Horn abbrach« (ebd., S. 10).
- *Minotauros (röm. Minotaurus):* Er stammt aus der Vereinigung von Pasiphae, Tochter des Zeus, mit einem Stier. Er wird als Mensch mit dem Kopf eines Stiers geboren und in ein Labyrinth gesperrt, wo er später von Theseus getötet wird (vgl. ebd., S. 359).
- *Artemis (röm. Diana) (Göttin der Jagd und des Mondes):* Sie wird als »Herrin der Tiere« und später als »Schutzgöttin der Jagd« verehrt. In ihrer Rolle als Mondgöttin wird sie mit der ägyptischen Göttin Isis gleichgesetzt (vgl. ebd., S. 60).
- *Sirenen:* Sie sind Mischwesen aus Mensch und Vogel und werden meist mit einem Frauenkopf dargestellt. Mit ihrem Gesang locken sie Seefahrer an, um sie dann auf ihrer Insel zu töten. Bei Homer entging Odysseus durch eine List diesem Schicksal (vgl. ebd., S. 277).
- *Harpyien (Sturmdämonen):* Es handelt sich um Mischwesen, halb Vogel und halb Mensch, die meist hässlich und ekelerregend dargestellt werden (vgl. ebd., S. 219).
- *Satyrn (Naturdämonen):* Es sind wilde, übermütige, lüsterne Wesen in Pferdegestalt (ähnlich den Silenen), die wie die

Nymphen vielfach als Begleiter des Dionysos (röm. Bacchus) auftauchen. In der hellenistischen Zeit werden sie eher wie Pan als Mischwesen zwischen Mensch und Bock beschrieben (vgl. ebd., S. 496).

- *Pan (röm. Faunus) (Walddämon):* Er ist der Schutzgott der Hirten und des Kleinviehs und Sohn des Hermes (röm. Merkur). Dargestellt wird er als lüsternes Mischwesen mit Bocksbeinen, Bockskopf und Hörnern (vgl. ebd., S. 405), und eben jene Ikonografie wurde für die Darstellung des christlichen Teufels übernommen (vgl. Wilsdorf, 1982, S. 562).
- *Zentaur (röm. Centaurus):* Er wird als »wilde[s] Fabelwesen« mit menschlichem Oberkörper und Pferdeleib dargestellt (vgl. Becher, 1982, S. 277).

(Neo-)Schamanismus und andere Naturreligionen

Sowohl verschiedene gesellschaftliche Konzepte des sozialen Zusammenlebens als auch religiöse Konzepte von Glaubensgemeinschaften gehen davon aus, dass in jedem Individuum ein animalischer Anteil existiert, der sich auf die Persönlichkeit und Interaktion mit anderen auswirkt. Meyer beispielsweise berichtet von verschiedenen nord- und südamerikanischen Tierritualen (vgl. Meyer, 1975, S. 40f.) und auch von rituellen, sexuellen Mensch-Tier-Vereinigungen in Vorderasien und Ägypten (vgl. ebd., S. 59).

Es existieren bis in die heutige Zeit verschiedene Ansätze bezüglich der Frage, auf welche Weise Menschen mit Tieren und mit der Natur im Allgemeinen verflochten sind, vor allem zwei Aspekte sind weit verbreitet und in verschiedenen Kulturen weltweit bekannt: »Totemismus« und »Seelen-/Krafttiere«.

> »Der Begriff Totemismus – er stammt aus der nordamerikanischen Algonkinsprache – bezeichnet eine ›intime Beziehung‹ oder Verwandtschaft zwischen einer Menschengruppe und einer Gattung

natürlicher oder künstlicher Gegenstände. Die Mitglieder einer Sippe oder eines Clans glauben an ihre Abstammung und an die perennierende Abhängigkeit von einem meist tierhaften Ahnen« (ebd., S. 70).

Schon Gerardus van der Leeuw, ein niederländischer Religionswissenschaftler und Ägyptologe, unterschied zwischen »Sozialtotemismus« und »Individualtotemismus« bzw. »Nagualismus« (Zentralamerika) und »Manituismus« (Nordamerika) (vgl. ebd.). Hierzulande ließe sich der Stierkopf als Wappentier des Bundeslandes Mecklenburg-Vorpommern als ein auf totemistischen Anschauungen basierendes Beispiel verstehen (vgl. ebd., S. 78). Ein Totem dient also der Identitätsfindung – ob als Zeichen der Zugehörigkeit zu einer (verwandten) Gruppe und/oder im religiös-spirituellen Sinne als Verbindung zu Orten, Tieren, Handlungen oder Ähnlichem.

> »Die Identifizierung von Mensch und Tier sowie die Konvertibilität ihrer Seelen beziehungsweise ihrer Seele blieb nicht auf verstorbene Sippenangehörige und ihr Totemtier beschränkt. Auch die Lebenden suchten nach einem Medium, in dem sie sich ihre Seele anschaulich vorstellen und ihr begegnen können. Sie fanden diese Form im Seelentier [Krafttier] [...]. Als Seelentier erscheint das Alter ego[10] der sibirischen Schamanen, ebenso die als Alter ego erlebte Seele der Indianer [Ureinwohner] Mesoamerikas« (ebd., S. 71).

Ein Krafttier, so die Überzeugung, ist ein Persönlichkeitsanteil, dem man durch Traumreisen (einer Art Meditation) im Inneren begegnen und mit dem man in Interaktion treten kann – es zu pflegen bedeutet also auch, sich selbst zu pflegen. Ein weiterer, spiritueller Ansatz sind die Tierkreiszeichen, die bis heute als

10 Alter Ego ist hier zu verstehen als ein Ausdruck aus dem Lateinischen für »anderes Ich«, also die subjektive Wahrnehmung und Identifikation eines »zweiten Selbst«, das zugleich Teil der eigenen Person ist.

Geburtshoroskope in Zeitungen und Zeitschriften abgedruckt werden.

> »Die Verwissenschaftlichung der Tierkunde hatte und hat sich weiterhin auseinanderzusetzen mit vorwissenschaftlichen Anschauungen und Positionen, die im Mensch-Tier-Grenzbereich besonders resistent sind, da sie in enger Verbindung mit dem [...] menschlichen Selbstbild stehen« (ebd., S. 46).

Hinduismus, Buddhismus und andere Religionen

Auch im Hinduismus finden sich theriomorphe[11] Gestalten: Ganesha beispielsweise ist ein Mischwesen – auch wenn manche Darstellungen variieren – mit einem menschlichen Körper und einem Elefantenkopf. Auch die Gottheit Hanuman besitzt tierische Attribute: Das Gesicht ähnelt stark dem eines Affen, und oftmals wird auch ein Affenschwanz abgebildet.

In einzelnen indischen und iranischen Kulturen gibt es zudem den Glauben an eine Reinkarnation (Samsara) als Tier, auch einzelne Tierarten werden dort als heilig verehrt (Kuh, Falke und Adler) (vgl. Fossier, 2009, S. 235). Im Buddhismus ist die Reinkarnation ein fester Bestandteil der Glaubenslehre: Durch das individuelle Verhalten können Menschen in der Rangordnung »auf-« oder »absteigen«. Der Mensch steht hierarchisch über dem Tier und kann somit den Kreislauf aus Sterben und Wiedergeburt eher beenden und das Ziel, das Nirwana (Erleuchtung), erreichen.

> »Im christlichen Kulturraum lebten die Tierdämonen fort, obwohl die Orthodoxie generell gegen die numinose Apperzeption [heilige Wahrnehmung] und Besetzung von Tieren sich wandte, insbesondere gegen die Dämonen und Monstra. Man verurteilte

11 »Theriomorph« bedeutet tiergestaltig (von Göttern), auch im Sinne von seelischer Gestalt.

> unter anderem die Tierbilder an mittelalterlichen Kirchen. Unter Einfluß der von Papst Innozenz III. durchgeführten strengen Reformen wurden die Tierbilder an den sakralen Gebäuden des 13. Jahrhunderts immer seltener, an zahlreichen Dominikaner- und Franziskanerkirchen fehlten sie gänzlich. Die Entwicklung der Tiersage zu einer Waffe der freieren Geistesrichtungen innerhalb der Kirche gegenüber rigoroseren Ordensanschauungen hängt mit der Bewertung des Tieres durch die Orthodoxie eng zusammen. Generell wurden die heiligen Tiere mit einbezogen in die christliche Diskreditierung des Heiden oder Antichristen und dargestellt als Wesen mit bösen Eigenschaften. Der Bock und die Ziege, einst Thors heilige Tiere, belegen die Umwertung« (Meyer, 1975, S. 78).

Trotz der Vielfalt in der nordischen Mythologie, von Odins Raben bis hin zur Midgardschlange, beschränke ich mich hier in diesem Buch auf Odin, der unter anderem ein achtbeiniges Pferd besaß, das als unbesiegbar galt (vgl. ebd., S. 77).

Die Griechen verehren die Eule als heiligen Vogel Athens (vgl. ebd.) und im »chinesischen Kulturraum wird der Drache nicht wie im abendländischen als das Prinzip des Bösen gefürchtet. Der mächtige Drachen ist der mächtige und zugleich edle Freund des Menschen« (ebd., S. 43).

Astrologie

Von den zahlreichen Sternbildern am Himmel gehören zwölf den Tierkreiszeichen an. Ihre Entstehung geht wahrscheinlich auf jene Zeit zurück, in der die Gesamtwahrnehmung der Welt noch vermehrt mythologisch geprägt war. Gött_innen und Held_innen in Sternbildern waren ein fester Bestandteil des Volksglaubens (vgl. Wilsdorf, 1982, S. 545).

Vermutlich stammen die heutigen astrologischen Sternzeichen aus jener Zeit: Widder, Stier, Zwillinge, Krebs, Löwe, Jungfrau, Waage, Skorpion, Schütze, Steinbock, Wassermann, Schütze. Das gilt auch für die zwölf Tierkreiszeichen der chinesischen Astrologie: Ratte, Büffel, Tiger Hase, Drache, Schlange, Pferd, Ziege, Affe, Hahn, Hund, Schwein (vgl. Sauer, 1996, S. 7).

> »Die chinesischen Wissenschaftler kannten schon früh die Astrologie der Chaldäer und Babylonier, auch die Wahrsagekunst der Ägypter. Über die sogenannten Seidenstraßen trieben chinesische Kaufleute einen regen Handel mit den vorderasiatischen und ägyptischen Händlern und lernten nebenbei die astrologischen Erkenntnisse in den von ihnen bereisten westlichen Ländern kennen« (ebd., S. 10).

In der Deutung chinesischer Horoskope werden neben den zwölf Tierkreiszeichen unter anderem auch die Konzepte von Yin und Yang[12], die fünf Elemente (Wasser, Feuer, Holz, Metall und Erde) und die Jahreszeiten[13] berücksichtigt (vgl. ebd., S. 9).

2.4 Die Liebe zum Haustier als »Kultursodomie«

Als eine besondere Beziehung gilt heutzutage die zwischen Menschen und ihren Haustieren. Die Artengrenzen scheinen hier sogar zu verschwimmen, werden Haustiere doch zum Teil stark

---

12 Yin steht für das Dunkle, das Weibliche und die Erde und Yang für das Helle, das Männliche und den Himmel. Es sind ständig rotierende Kräfte, die Glück, Gesundheit und Erfolg im Leben eines Menschen beeinflussen (vgl. Sauer, 1996, S. 12f.). Außerdem versinnbildlicht Yin den Mond, die Kälte und den Winter, wohingegen Yang die Sonne, die Wärme und den Sommer symbolisiert (Huizinga, [2011] 1938, S. 66). Yin und Yang sind zwei gegensätzliche Prinzipien, die einander bedingen und untrennbar miteinander verbunden sind.

13 Es heißt, dass die Jahreszeit, in der eine Person geboren wurde, Einfluss auf ihre Charakterzüge habe. So gelten beispielsweise Frühlingstypen als aufgeschlossener als Wintertypen (vgl. Sauer, 1996, S. 14).

vermenschlicht und wie ein Ersatz für Kinder, Familie, Partnerschaft oder Freundschaften angesehen. Neue Begriffe wie »Homo animal« oder »Animal sapiens« (vgl. Sigusch, 2005, S. 59) beschreiben einige gelebte Beziehungen und menschliche Verhaltensweisen gegenüber Haustieren wohl sehr passend: »Wenn Menschen Menschen wie Tiere behandeln, behandeln sie womöglich zum Ausgleich Tiere wie Menschen« (ebd., S. 62).

Der Psychiater und Sexualwissenschaftler Volkmar Sigusch beschreibt in seinem Buch *Neosexualitäten* (2005) die sodomitische Lebenspartnerschaft als eine der sich zunehmend entwickelnden Neoallianzen der heutigen »reichen Länder des Westens« (vgl. ebd., S. 57): »Könnten die Tierliebhaber schon jetzt ihre Lieblinge heiraten, täten es viele« (ebd.)[14]. Sigusch zeigt anhand einiger Beispiele[15] die zunehmende Bedeutung domestizierter Haustiere für die Menschen, was sich auch in kostspieligen Accessoires widerspiegelt. Selbst Personen mit nur geringen finanziellen Mittel investieren oft viel Geld in ihr Tier: Tierarztrechnungen, Zubehör wie Spielzeug und Tiermöbel, Futter und Versorgungsoptionen während einer Abwesenheit wie Tiersitter oder -pensionen. Das Tier wird zum Familienmitglied. Die meisten Menschen in Industriestaaten halten sich ein einziges Tier und bauen (auch deshalb) eine intensive Be-

14 Nach deutschen Gesetzen ist eine rechtlich anerkannte Ehe zwischen Menschen und Tieren nicht möglich. Es existieren jedoch viele Berichte, zum Beispiel aus den USA, über solche (nicht-institutionell abgesicherte) Eheschließungen. »Ehe« meint in diesem Kontext auch das Ritual des symbolischen Versprechens, den Akt der emotionalen, eine auf langfristige Verantwortung füreinander ausgelegte Verbindung zweier (oder mehrerer) Personen (oder Gegenstände).

15 Als Beispiele nennt er unter anderem ein in Japan entwickeltes Laufband für übergewichtige Hunde, das etwa 3.000 Euro kostet, sowie den gesetzlichen Anspruch eines Hundes auf einen Zwinger mit einer Mindestfläche von neun Quadratmetern – einem asylsuchenden Menschen stehen im Vergleich durchschnittlich nur fünf Quadratmeter zu (vgl. Sigusch, 2005, S. 58).

ziehung zu ihm auf, die gleichzeitig emotionale Zuwendung bedeutet:

> »Um ein Tier liebzuhaben, muß man es als Individuum ansehen. Dann erst tritt eine persönliche Beziehung an die Stelle einer versachlichten. Eine ganze Tierart kann man nicht liebhaben, das einzelne Tier aber sehr wohl. [...] Man gebe dem Tier einen Namen. Mit der Namensgebung macht man es sich zu eigen, ergreift Besitz von ihm, verleibt es sich ein. Ein Hund ohne Namen ist ein Hund, doch wenn er getauft ist, ist er jemandes Hund« (Dekkers, 2003, S. 227f.).

Die Zuneigung zu Tieren ergibt sich nicht nur aus der künstlich erzeugten Abhängigkeit, in die Tierhalter_innen Haustiere »zwingen«, sondern auch aus dem Verhalten des jeweiligen Haustiers: So sind Hunde zum Beispiel vom Menschen domestizierte Wölfe. Der Jagderfolg von Wölfen basiert auf der Gemeinschaft, dem Rudel, hierauf geht auch das bis heute erkennbar ausgeprägte Sozialverhalten bei Hunden zurück. Jedes Rudel hat einen Rudelführer, dem alle folgen. Laut Dekkers genügt Wölfen für ihre Jagd,

> »wenn einer Spaß daran hat, den Anführer für die restlichen Gefolgsleute zu spielen, die womöglich noch mehr Spaß daran haben, ihm hinterherzulaufen. Diese Freude am Gehorsam ist dem Hund erhalten geblieben und wird durch gezieltes Züchten noch verstärkt. Als seinen Anführer betrachtet der Hund merkwürdigerweise den Menschen. Die Beziehung zwischen Mensch und Hund ist folgerichtig eine Beziehung zwischen Herr und Knecht, Meister und Sklave, Vorgesetztem und Untergebenem« (ebd., S. 228f.).

Ein ganz anderes Verhalten zeigen Katzen dem Menschen gegenüber: Sie gelten als eigensinniger und sind nicht so anhänglich wie Hunde. Es gibt eine anhaltende Diskussion darüber, was das Halten von Hunden oder Katzen über den Charakter eines Menschen aussagt.[16] Während Hunde ein eher anhängliches und untergebenes Verhalten an den Tag legen, bedienen sich Katzen in der Interaktion mit Menschen dem gesamten Verhaltensrepertoire aus ihrer Kindheit[17]. Aus diesem Grund vermitteln sie ein eher abhängiges und kindliches Bild – so als müssten sie stets versorgt werden wie in einer Art »Mutter-Kind-Beziehung« (vgl. ebd., S. 230).

Dekkers zufolge wurden Katzen selbst »aus keinem anderen Tier herausgezüchtet. Es gibt sie, seit es Menschen gibt« (ebd., S. 229). So verehrten bereits die Ägypter_innen katzenähnliche Gottheiten wie Bastet, eine in der ägyptischen Mythologie als Katze dargestellte Göttin, oder Apedemak, der häufig als Mensch mit Löwenkopf dargestellte nubische Kriegs- und Fruchtbarkeitsgott.

Von solchen Verehrungen war im Mittelalter nichts zu spüren. Hier wurden während der Inquisition nicht nur sogenannte Hexen verfolgt, sondern auch Katzen, denn diese symbolisierten Lüsternheit und standen nach damaliger Überzeugung mit dem Teufel in Verbindung (vgl. Fossier, 2009, S. 233).

> »Bei Sodomie wie bei Hexerei arbeiten Mensch und Tier im Dienste des Teufels zusammen. Als Handlanger der Hexe konnten allerlei Tiere dienen; Satan nahm, was er kriegen konnte. Die weitaus belieb-

---

16 Aussagen wie »Hunde haben Herrchen – Katzen haben Personal« oder die Bezeichnungen eines Katers als »König« und einer Katzenbesitzer_in als »Dosenöffner_in« heben bis heute unterhaltsam die Unterschiede in den Beziehungen der Tiere zu den Menschen hervor, die sie versorgen.

17 Das warme Nest, in dem die Katzenbabys ihre ersten Wochen verbringen, ist vergleichbar mit dem Schoß des Menschen; das Ablecken des Jungen durch die Mutterkatze zwecks Fellreinigung oder »Massage« des Bauches zur Anregung der Verdauung lässt sich ebenso im Streicheln mit der menschlichen Hand entdecken; die leichten Trittbewegungen der Katzen ähneln stark den kindlichen Milchtritten (zur Stimulation der mütterlichen Milchdrüsen zwecks Laktation).

> teste Gefährtin der Hexen war jedoch die Katze. Sie erreichte damals ihren Tiefpunkt in der menschlichen Wertschätzung. Das Nachttier war selbst häufig schwarz, konnte mit funkelnden Augen plötzlich aus dem Nichts auftauchen und hatte neun Leben; so stellte die Katze das ideale Vehikel des Teufels dar« (Dekkers, 2003, S. 167).

Diese mystische Verbindung zum Bösen ist auch heute noch tief im europäischen Volksglauben verwurzelt, was das Beispiel einer die Straße kreuzenden schwarzen Katze zeigt, die vermeintliches Unglück bringt.

Bis heute gelten schwarze Katzen in Tierheimen als schwieriger vermittelbar im Vergleich zu anders gefärbten Tieren.

> »Seit der Mensch in größeren Gruppen zusammenlebt, versucht er, den anderen Gattungen seinen Willen aufzuzwingen, das heißt, sie seinem Dienst zu unterwerfen, ja sogar sie an sich zu binden, sie zu ›zähmen‹ und zu ›domestizieren‹. Allerdings bedingt Letzteres in der vollen Bedeutung des Wortes einen wechselseitigen, beinahe gefühlsmäßigen Kontakt. Auf dieser höheren Ebene hat der Mensch nur den Hund und vielleicht noch das Pferd zu domestizieren vermocht. Seit Zehntausenden von Jahren hat sich keine Gattung, nicht einmal die Katze, aus freiem Willen und bewusst seiner Kontrolle unterworfen. […] Zumindest scheinen sie sich bemüht zu haben, deren Fang und Dressur zu perfektionieren. Natürlich war auch die Regulierung der Fortpflanzung ein wesentlicher Aspekt der Viehzucht, die der Mensch mehr und mehr zu steuern versuchte« (Fossier, 2009, S. 246f.).

Haustiere werden von ihren Besitzer_innen durch einen Namen individualisiert, ihre Kastration sichert den Menschen, so könnte man es überspitzt ausdrücken, eine asexuelle Freundschaft.

Natürlich dient die Kastration auch zur Prävention einer unkontrollierten Vermehrung und somit der Überpopulation. Denn anders als dem Menschen, der üblicherweise individuelle Regeln zur sexuellen Triebkontrolle durch die Sozialisation der jeweiligen Gesellschaft erlernt, in der er lebt, wird dem Tier eben jene individuelle Fähigkeit abgesprochen und ihm durch eine Sterilisation bzw. Kastration die Triebkontrolle aufgezwungen.

> »Es ist stinknormal, seine Liebesgefühle mit einem eigens dafür angeschafften Tier auszuleben. Sieht man heutzutage jemanden bei zärtlichem Umgang, dann geschieht das zehn zu eins mit einem Haustier. Im Durchschnitt wird ein Mann seltener gestreichelt als sein Hund. In einem Viertel aller Haushalte geht man mit Hund oder Katze zu Bett. Auf dem Kissen, am Fußende oder sogar unter der Bettdecke tröstet das Tier Alleinstehende oder ist dem Geschlechtsverkehr Verheirateter im Wege« (Dekkers, 2003, S. 223f.).

Nicht nur die nahe und innige Beziehung zum Tier übt auf den Menschen einen gewissen Reiz aus, auch das tierische Verhalten und Leben an sich, wie Sigusch erläutert, wirkt verlockend:

> »Welch enormer Reiz liegt in der Vertierung: immer gefüttert werden, kein Gewissen haben, nicht zum Denunzianten werden können, seinen Tod nicht ahnen, einfach schamlos brünstig sein und die Schnauze überall reinstecken dürfen, ohne dass der Geruchssinn organisch verdrängt wäre« (Sigusch, 2005, S. 59f.).

Auch auf die Perspektive des Menschen geht Sigusch kurz ein:

> »Die Bezeichnungen Tier*halter* und Hunde*besitzer* sagen schon, worum es eigentlich geht: die Macht haben über ein anderes Wesen, alles kontrollieren können, ebenso zärtlich wie gewalttätig sein dürfen, ohne Strafe, Vergeltung und Verachtung wirklich befürchten zu müssen. Wer möchte seinen Liebespartner nicht zu Hause ›halten‹, im Freien ›anleinen‹, auf Gedeih und Verderb ›besitzen‹?« (ebd., S. 60)

Diese Formulierungen und diese Wortwahl finden sich auch im Vokabular der BDSM-Subkultur, was die Interviews zeigen (vgl. Kap. 5.4).

> »In Gesellschaften mit enger Beziehung zum Tier ist die Sodomie offenbar verbreiteter als in Gesellschaften, die in einem distanzierteren Verhältnis zu ihm leben. Wahrscheinlich entspricht dieser unterschiedlichen Praxis auch eine divergente Bewertung auf der Skala zwischen normal und pervers. Die radikale Verurteilung der Sexualität korrespondiert dem Erlebnis der Distanz zwischen Menschlichem und Animalischem« (Meyer, 1975, S. 59).

2.5 Sexualität zwischen Mensch und Tier

In der Literatur (u.a. in Joseph Massens *Zoophilie. Die sexuelle Liebe zu Tieren*) finden sich Beispiele zur Haltung von sogenannten Schoßhunden oder auch zu Tierbordellen, die der sexuellen Befriedigung des Menschen dienen, auch ist allgemein bekannt, dass die von Menschen definierte Artengrenze schon immer sexuell überschritten wurde und diese Praxis trotz gesellschaftlicher Verurteilung weiter existiert. Im Petplay kann es ebenso zu sexuellen Interaktionen kommen, die jedoch nicht mit »echten« Tieren ausgeführt werden (siehe Kap. 5; vgl. Daniels, 2005, S. 15ff.; Wilcox, 2008, S. 4).

Im folgenden Kapitel werden die verschiedenen Begriffe, die im Kontext von »sexuellen Handlungen zwischen Mensch und Tier« häufig synonym verwendet werden, näher ergründet[18]. Es gibt Überschneidungen der jeweiligen Definitionen und Dar-

---

18 Das Thema Sodomie/Zoophilie soll an dieser Stelle nur angeschnitten werden und erhebt keinen Anspruch auf Vollständigkeit. Es dient dem Gewinn eines besseren Verständnisses der Perspektive zoophiler Menschen und des ganzen Themas. In der Diskussion (vgl. Kap. 6) werden die hier angedeuteten Fragen erneut aufgegriffen.

stellungen, aber der Vollständigkeit halber werden hier die relevanten, gebräuchlichen Begriffe erörtert[19].

Sodomie

> »Zu Beginn der Zivilisationen waren alle Gesetze religiöse Gesetze, das heißt, sie drückten den Willen einer übermenschlichen Macht aus. Geister, Götter oder Gott wünschten, daß die Menschen sich in bestimmter Weise verhielten und sie straften Ungehorsam sofort. Daher setzten sich die Gesetze praktisch von selbst durch« (Haeberle, 1985, S. 382).

Bereits im Alten Testament findet sich eine Geschichte, in der davon berichtet wird, dass es »großes Geschrei über Sodom und Gomorra [gibt], dass ihre Sünden sehr schwer sind« (Gen 18,20). Ferner heißt es: »Aber die Leute zu Sodom waren böse und sündigten sehr wider den HERRN« (Gen 13,13). Der »HERR«[20] zerstört trotz Verhandlungen[21] mit Abraham die beiden Städte, nachdem die Bewohner die von Gott gesandten Engel bedrohten und Geschlechtsverkehr mit diesen forderten[22]:

---

19 Die Wortvielfalt der asexuell konnotierten Spielweisen umfassen auch Begriffe wie Zoomimik (oft synonym für Petplay verwandt), therianthrop (tiermenschlich; Verwandlung von Mensch in Tier) oder theriomorph (»tiergestaltig«, auch im Sinne von »seelische Gestalt«) bis hin zur Diagnose »Lykanthropie« (Verwandlung eines Menschen in einen Werwolf). Die Begriffe werden je nach Gebrauch im Textverlauf definiert.

20 »Der HERR« wurde umgangssprachlich mit »Gott« übersetzt und wird im weiteren Textverlauf auch als solcher benannt.

21 Abraham handelt mit Gott aus, dass er (Gott) die Stadt verschone, sollte er wenigstens zehn »Gerechte« in der Stadt finde (Gen 18,23–32).

22 »Aber ehe sie sich legten, kamen die Männer der Stadt Sodom und umgaben das Haus [...] und riefen Lot und sprachen zu ihm: Wo sind die Männer, die zu dir gekommen sind diese Nacht? Führe sie heraus zu uns, daß wir uns über sie her machen« (Gen 19,4–5). Die hier wieder-

> »Da ließ der HERR Schwefel und Feuer regnen vom Himmel herab auf Sodom und Gomorra und vernichtete die Städte und die ganze Gegend und alle Einwohner der Städte und was auf dem Lande gewachsen war« (Gen 19,24–25).

Umgangssprachlich wird die Bezeichnung »Sodom und Gomorrha« häufig im Kontext für sexuelle Handlungen und Interaktionen[23] verwendet, die von der geltenden sozialen Norm abweichen. In anderen Lesarten wird hingegen darauf verwiesen, dass die Bewohner_innen der beiden Städte das Gastrecht missachteten und missbrauchten, das sie hätten gewähren müssen. In dieser biblischen Geschichte findet sich jedoch kein Verweis auf sexuelle Handlungen an oder mit Tieren, weshalb sich die Etymologie bzw. die Verbindung des Begriffs »Sodomie« zu dieser Geschichte nicht eindeutig klären lässt.

Im *Bilder-Lexikon Kulturgeschichte* (1928) wird Sodomie wie folgt definiert:

> »Die Bezeichnung S. [Sodomie] leitet ihren Ursprung von den aus der Bibel bekanntgewordenen Schwesterstädten Sodom und Gomorrha her. Man verstand ursprünglich darunter gleichgeschlechtliche Betätigungen (Päderastie), mit Bezugnahme auf jene Erzählung der Bibel [...]. Nach einer anderen Auffassung bedeutete S. nicht gleichgeschlechtlichen Verkehr, sondern allgemeine Verworfenheit und Frivolität, wie sie besonders die Sodomiter gezeigt hätten. [...] Das Wort S. wird aber auch, besonders in

---

gegebenen Übersetzungen stammen aus der *Lutherbibel* (1984). In den verschiedenen Bibelübersetzungen wird der sexuelle Akt unterschiedlich übersetzt: In der *Einheitsübersetzung* steht z. B. »verkehren«, während es in der *Revidierten Elberfelder Bibel* oder bei *Luther* (1912) »erkennen« heißt, was im bibl. Hebräisch u. a. den (ehelichen) Geschlechtsverkehr meint.

23 Ähnlich der Verwendung des Begriffs »Perversion« oder »pervers«.

Deutschland für Bestialität und Zoophilie (s. d.) d. h. zur Bezeichnung der fleischlichen Vermischung mit Tieren gebraucht, weshalb auch Moll im Sachregister seiner ›Konträren Sexualempfindung‹ zwischen Sodomie im Sinne von Unzucht mit Tieren und S. im Sinne von Päderastie unterschiedet. Am besten wird daher der Begriff S. nach Meckel (Handbuch d. gerichtlichen Medizin, Halle, 1821) dahin gedeutet, daß darunter ›alle in regelwidriger Befriedigung des Geschlechtstriebes bestehenden Verbrechen‹ zu verstehen seien« (Institut für Sexualforschung, 1928, S. 789f.).

Bis Mitte des 18. Jahrhunderts galt die Peinliche Gerichtsordnung Kaiser Karls V. (1532) als »Rechtsgrundlage des gemeinen Rechts« (Haeberle, 1985, S. 390), sie enthielt, geprägt durch die jahrhundertelange Hexenverfolgung[24], eine umfangreiche Definition des Verständnisses von Sodomie. Hierunter wurden über längere Zeit verschiedene sexuelle Handlungen subsumiert, unter anderem die »Verschwendung des Samens« durch Selbstbefriedigung (Masturbation, Autoerotik) oder das Abbrechen der Sexualhandlung bzw. das Herausziehen des Penis aus der Vagina vor der Ejakulation (Coitus interruptus) zur Schwangerschaftsverhütung. Auch Oral- und Analverkehr sowie sexuelle Kontakte mit Leichen (Nekrophilie) oder Tieren (Zoosexualität) (vgl. Wolter, 2013, S. 9f.) – also alle Handlungen, die als »wider der Natur«[25] galten – wurden unter diesem Begriff zusammengefasst. Mit der

24 Da die meisten Geständnisse des *Hexenhammers* das Ergebnis von Folter waren, ist die hohe Anzahl der »gestandenen« Mensch-Tier-Sexualkontakten nicht als verlässlich anzusehen. Zudem wurden viele Gerichtsakten mit den Betroffenen verbrannt, »damit keine Spur der abscheulichen Tat übrig bleibt« (Dekkers, 2003, S. 163).

25 Als »wider der Natur« galt alles, was nicht dem Zwecke der Fortpflanzung diente, das heißt, erlaubt waren nur die zur biologischen Fortpflanzung nötigen Praktiken (Geschlechtsverkehr im Sinne genitaler Vereinigung von Penis und Vagina) mit dem_der entsprechenden Partner_in (vgl. Haeberle, 1985, S. 135).

Aufklärung zu Beginn des 17. Jahrhunderts entstand eine neue Denkart und ein neues Rechtssystem. Das Zusammenleben der Menschen wurde nun zunehmend von Rationalismus geprägt, was eine Abkehr von Aberglauben und der gottbezogenen Weltanschauung des Mittelalters zur Folge hatte. Diese neue Rechtsauffassung beeinflusste auch das Strafrecht, besonders in Bezug auf Hexerei und Sodomiedelikte (vgl. Heaberle, 1985, S. 392).

Dennoch wurden in das Allgemeine Preußische Landrecht (1794) und Österreichische Strafgesetz (1803) restriktive Formen des Sodomiebegriffs übernommen und nach Neuformung in ein reichseinheitliches »Reichsstrafgesetzbuch« (1872) überführt, das bis 1969 bzw. 1973 nur wenig verändert wurde (vgl. Haeberle, 1985, S. 392):[26] Im September 1969 wurden im Zuge der Reform des Sexualstrafrechts in der Bundesrepublik sowohl Ehebruch als auch Unzucht mit Tieren als Straftatbestand abgeschafft; für Homosexualität wurde eine Schutzalterregelung getroffen (erst 1994 wurde §175 StGB, der sich gegen gleichgeschlechtliche sexuelle Handlungen unter Männern richtete, in Angleichung an das DDR-Recht auch in den alten Bundesländern gestrichen) (vgl. ebd.).

Seit Juli 2013 sind sexuelle Handlungen am oder mit dem Tier wieder als strafbar im Tierschutzgesetz (§3 Abs. 13 TierSchG) verankert: »Es ist verboten ein Tier für eigene sexuelle Handlungen zu nutzen oder für sexuelle Handlungen Dritter abzurichten oder zur Verfügung zu stellen und dadurch zu artwidrigem Verhalten zu zwingen.« Gegen die Verabschiedung des neuen 13. Absatzes, in dem sexuelle Handlungen zwischen Menschen und Tieren erneut unter (Geld-)Strafe gestellt werden, positionierte sich zum Beispiel ZETA (Zoophiles Engagement für Toleranz und Aufklärung) (vgl. Abschnitt zu »Zoophilie«).

---

26 1935 gab es im Deutschen Reich Verschärfungen bezüglich männlich-homosexueller Handlungen, die während der gesamten Zeit des Nationalsozialismus und darüber hinaus gültig blieben.

»In der mit *Sodomie* beschrifteten Schublade blieb bei uns nur noch der Sex mit Tieren übrig, alles andere wurde auf die Felder von Toleranz, Legalität und Desinteresse geschüttet« (Wolter, 2013, S. 10).

In der (Fach-)Literatur wird der Begriff »Sodomie« heute zunehmend von dem der »Zoophilie« abgelöst. Neben »Bestiality« wird »Zoophilie« im Folgenden betrachtet, um zu einer angemessenen Differenzierung beizutragen und ein besseres Verständnis von Petplay zu ermöglichen.

Zoophilie

Um eine Vorstellung von Zoophilie zu gewinnen, das (auch wissenschaftlich) als gesellschaftliches Randphänomen behandelt wird[27], werden hier einige Definitionen vorgestellt, auf die Darstellung existierender klinisch-pathologischer Diagnosen[28] wird hier bewusst verzichtet.

Josef Massen, ein ehemaliger Kriminalpolizist, veröffentlichte 1994 das Buch *Zoophilie. Die sexuelle Liebe zu Tieren*[29], das als größtes, deutschsprachiges Werk zum Thema gilt. Darin sind

27 Offizielle Schätzungen über »Fallzahlen« liegen nicht vor. ZETA, das nach eigenen Angaben ca. 100 Mitglieder hat, vermutet ca. 100.000 zoophile Menschen in Deutschland (https://www.zeta-verein.de/ [13.07.2015]).

28 Zoophilie wird im ICD-10 unter F65.8 »Sonstige Störungen der Sexualpräferenz« verortet.

29 Formulierte Schlussfolgerungen und manche inhaltlichen Ausgestaltungen weisen teils mangelhafte wissenschaftliche Neutralität auf, daher sollten die Thesen in dem Buch kritisch hinterfragt werden. So beschreibt Massen die »Koitusversuche« von Hunden an menschlichen Beinen als Onanieversuch (vgl. Massen, 1994, S. 23) bzw. trainiertes Verhalten, das die sexuelle Aktivität der Besitzer_innen mit dem Tier offenbart (vgl. ebd., S. 35ff.), wohingegen Hundebesitzer_innen heutzutage solches Verhalten eher als »Dominanzversuche« kategorisieren. Trotz der berechtigten Kritiken ist Massens Buch – allein wegen seiner Materialfülle – für eine fortführende Beschäftigung mit dem Thema sehr zu empfehlen.

Beschreibungen Massens aus über 15 Jahre versammelt. Er unterteilt die Grundformen der Zoophilie in drei Gruppen:

- Gruppe 1:
  a) das zufällige Erlebnis und die latente Zoophilie
  b) die zoophile Schaulust
- Gruppe 2:
  a) Frotteure
  b) das Tier als Instrument der Selbstbefriedigung
  c) das Tier als minderwertiger Ersatz für Handlungsfetischist_innen
  d) das Tier als Fetisch[30]
- Gruppe 3:
  a) körperliche Nähe und Wärme
  b) das Tier als Ersatz für einen humanen Sexualpartner
  c) das Tier als frei gewählter Sexualpartner

Zur ersten Gruppe gehören laut Massen diejenigen, deren »Triebabbau in der Regel ohne ein Tierobjekt« (vgl. Massen, 1994, S. 58) erfolgt. Tiere dienen hier zur »äußeren, nichttaktilen Wahrnehmung« (ebd.) und die »sexuelle Spannung resultiert allein aus einer geistigen Leistung« (ebd.).

Anhänger_innen der zweiten Gruppe involvieren und instrumentalisieren das Tier in bzw. für ihre Sexualhandlungen, es »ist lediglich eine lebendige ›Sache‹, ein Sexualobjekt, dessen einziger Wert zum Zeitpunkt des Sexualaktes darin besteht, die Lust des Zoophilen zu befriedigen« (ebd.). Wie das Tier dabei empfindet, ist dem Handelnden nicht wichtig.

Für Personen der dritten Gruppe steht das Tier als Individuum – als eigenes Wesen mit Gefühlen und eigener Sexualität – im Fokus. »Das Tier kann Zuneigung und ›Liebe‹ empfangen und geben« (ebd.).

30 Fetisch wird in diesem Zusammenhang im klinisch-pathologischen Sinne betrachtet und nicht wie im üblichen Sprachgebrauch benutzt (vgl. Kap. 5.9).

Zu dieser dritten Gruppe zählen sich auch Menschen wie Michael Kiok, der Vorsitzende der deutschsprachigen Vereinigung ZETA (Zoophiles Engagement für Toleranz und Aufklärung), der in verschiedenen medialen Berichten der Zoophilie ein Gesicht gibt (vgl. Kix, 2013; Rath, 2012). Auf der ZETA-Homepage werden die Ansichten zum Thema Zoophilie dargestellt, Erklärungen gegeben und allerlei Argumente angeführt. Zudem erfolgt ein Hinweis, dass neben anderen Paraphilien die Zoophilie wissenschaftlich nicht genügend untersucht wurde und es daher nur unzureichend möglich sei, zoophile Menschen zu verstehen.[31] Der Verein steht für weitere Informationen und eine nähere Kontaktaufnahme zur Verfügung und macht deutlich, selbst aufklärerisch zu arbeiten, indem zum Beispiel über die Homepage verschiedene Texte, Erklärungen und Stellungnahmen veröffentlicht werden.

Was früher (fast) unmöglich erschien, ist heute mithilfe des Internets möglich: Menschen finden andere Menschen in gleichen Situationen, mit gleichen Gedanken und – wenn auch selten – sexuellen Neigungen. Dies ermöglicht nicht nur den Menschen mit zoophilen Fantasien eine weltweite Vernetzung, sondern hilft auch in der wissenschaftlichen Forschung, neue Erkenntnisse zu gewinnen:

> »Es gibt verschiedene Quellen neuer Erkenntnisse zum Thema Zoophilie […]. Zoophilie ist historisch seit biblischen Zeiten belegt. Die jüngsten Daten zur Zoophilie wurden aus nicht-klinischen Proben zusammengetragen, vor allem über das Internet […]. Diese […] Stichproben zeigen, dass sich Männer und Frauen, die sich selbst als zoophil verstehen, zu Tieren hingezogen fühlen aufgrund des Bedürfnisses nach Zuneigung, sexueller Anziehungskraft und der Liebe zu Tieren. Einige der Probanden bevorzugen ein sexuelles Verhältnis zu nicht-menschlichen Tieren, was Miletski dazu veran-

31 Vgl. http://www.zeta-verein.de/ (13.07.2015).

> lasst, darauf hinzuweisen, dass Zoophilie eine alternative sexuelle Orientierung sei. Personen, die sich selbst als zoophil beschreiben, unterscheiden sich von denen, die Tiere ohne emotionale Bindung als Sexobjekte benutzen (Bestiality)« (Kafka, 2010 [2009]; Übers. d. A.).[32]

Auch auf der Homepage von ZETA wird zwischen zoophilen Praktiken und Bestiality unterschieden.

Bestiality

Im *Bilder-Lexikon Kulturgeschichte* (1928) wird Bestiality (hier: Bestialität[33]) wie folgt definiert:

> »Bestialität, auch ›Zoophili‹ (griech. v. Zoon = Tier und phileo = lieben), ›Zooerastie‹ (griech. v. Erastes = Liebhaber), ›Zoostuprum‹ (lat. v. Stuprum = Schändung), ›Zoosadismus‹, ›Sodomie‹ (s. d.) oder ›Unzucht mit Tieren‹ genannt, finden wir schon im Altertum als einen Bestandteil des Götterkultus, wie bei den Aegyptern den Mendes (s. d.), den heiligen Bock oder Dan (s. d.) von dem Rosen-

32 »There are several sources of new data regarding Zoophilia […]. Zoophilia has been noted historically since biblical times. The most recent data regarding zoophilia have been gathered from non-clinical samples, particularly via the Internet […]. These […] samples […] reported that men and women who self-identified as zoophiles were drawn to animals out of a desire for affection, a sexual attraction toward, and a love for animals. Many of the subjects preferred sexual relations with non-human animals, prompting Miletski to suggest that Zoophilia is an alternative sexual orientation. Persons who self-identified as zoophiles made a distinction between themselves and others who used animals as sex objects without emotional attachment (bestialists)« (Kafka, 2010 [2009]).

33 Der Anglizismus »Bestiality« wird auch im Deutschen benutzt, da für das englische Wort »bestialty« keine deutschsprachige Entsprechung existiert. Wird der Begriff in Zitaten jedoch mit »Bestialität« übersetzt, ist damit immer Bestiality gemeint.

baum in seiner ›Geschichte der Lustseuche im Altertum‹ an der Hand von Plutarch, Strabo und Herodot berichtet, daß derselbe durch Geschlechtsakte von Seiten der Frauen, die mit ihm eingeschlossen waren, verehrt wurde. […] Böttger, der Verfasser der ›Sabina, Morgenszenen im Putzzimmer einer Römerin‹, spricht die Vermutung aus, daß sowohl in den Aeskulaptempeln als auch in den Privathäusern vornehme Römerinnen Schlangen zu geschlechtlichen Akten benützt hätten, ähnlich wie heute manche Frauen Schoßhündchen und Kätzchen zum geschlechtlichen Verkehr abrichten. […] Die B. hat, scheinbar von Asien ausgehend, in aller Welt die Stätte gefunden. So ist es bekannt, daß es im alten Rom eigene Bordelle (s. d.) gegeben hat, in denen Hunde, Ziegen, Gänse u. a. Tiere den ›Dilettanten der Bestialität‹ zur Verfügung standen« (Institut für Sexualforschung, 1928, S. 136f.).

In den meisten anderen Quellen werden die Begriffe Zoophilie und Bestiality synonym benutzt. Aber für eine spezifischere Sprache mit zutreffenden, differenzierten Begriffen ist die Definition von Ranger und Fedoroff nützlich: »Zoophilia is a psychiatric condition, whereas bestiality is a legal term« (Ranger & Fedoroff, 2014) – Zoophilie ist also eine Neigung, Bestiality die strafrechtlich relevante Handlung. In diesem Buch folge ich der Definition von Ranger und Fedoroff und unterscheide explizit zwischen Zoophilie und Bestiality.

2.6 Mediale Darstellung 1: Vermenschlichte Tiere vs. vertierte Menschen

Auch wenn mittelalterliche Darstellungen anthropomorpher Tiere oft für Gesellschaftssatiren genutzt wurden (vgl. Fossier, 2009, S. 232), sind Bilder von vermenschlichten Tieren nicht unbekannt. Auch heute gehören Menschen, die sich dem Aussehen und Verhalten von Tieren angleichen, zu unserer Sozialisation. Nicht nur in der Werbung, der Kunst oder in Serien (z. B. *Wilfred* [2011–2014] oder *Drawn Together* [2004–2007]) wird das Bild vom Hin-und-her-Springen in eine Menschen- bzw. Tiergestalt genutzt, vor allem Kinder sind Expert_innen in Bezug auf Märchen, Fabeln, Comicheften, Zeichentrickfilmen, Computeranimationsfilmen, Cartoons, Mangas u.v.m. Jede Generation hat ihre eigenen Mensch-Tier-Held_innen vorzuweisen und je nach individuellem Geschmack behalten sie auch als Erwachsene diese Leidenschaften bei.

> »Die Kinder erfahren in den Tiermärchen zwar etwas über die Tiere, mehr aber über menschliche Normen und Zielvorstellungen. Noch eindeutiger als den Märchen eignet den [einigt die] Tiermythen der frühen Jägerkulturen der Sinn, Aussagen über die Welt und den Menschen, sein Wesen wie seine Normen zu liefern« (Meyer, 1975, S. 43).

Anthropomorphe Tiere finden sich zahlreich in der Literatur oder im Film. Zu den bekanntesten Beispielen gehören unter anderem Kinderbücher wie Erich Kästners *Die Konferenz der Tiere*, Lewis Carrolls *Alice im Wunderland*, Lyman Frank Baums *Der Zauberer von Oz*, Rudyard Kiplings Gedicht- und Geschichtssammlung *Das Dschungelbuch*, C.S. Lewis' Fantasyreihe *Die Chroniken von Narnia*, George Orwells Dystopie *Die Farm der Tiere*, Comicstrips wie *Calvin und Hobbes* von Bill Watterson oder *Garfield* von Jim Davis, Trickserien wie *Tom und Jerry* (unter der Regie von William Hanna und Joseph Barbera), Märchen wie *Schneeweißchen und Rosenrot* sowie Darstellungen in Filmen wie *Bambi, Susi & Strolch, Aristocats, König der Löwen, Babe* oder *Ice Age*.

Zoomorphe Darstellungen von Menschen finden sich dagegen zum Beispiel in Jean Cocteaus Verfilmung des Märchens *Die Schöne und das Biest*, in dem Grimm'schen Märchen *Brüderchen und Schwesterchen* oder in Filmfiguren wie Catwoman, dem Pinguin aus *Batmans Rückkehr*, Spiderman oder Foxxy aus der Zeichentrickserie *Drawn Together*. Die zoomorphen Darstellungen von Menschen sind jedoch vielfach negativ konnotiert:

»Die Verwandlung des Menschen vollzieht sich vielfach – aufgrund der Interferenz von erlebter Nähe und Distanz – nicht komplikationslos; oft bedarf sie zur Überwindung der artlichen Differenz exzeptioneller [außergewöhnlicher] Hilfsmittel, zum Beispiel des Zaubergürtels oder des Zauberrings. Auch die Rückverwandlung geschieht auf rituelle Weise. Nur bestimmten Göttern [und Göttinnen], dämonischen Wesen oder mit Zauberkraft ausgestatteten Menschen eignet generell die Fähigkeit, sich oder andere Menschen in Tiergestalt zu bringen, zu zwingen oder zu erhalten. Die Metamorphosen können nämlich mit Zustimmung des Verwandelten sich ereignen; sie können aber auch gegen seinen Willen verlaufen, vielfach in Form von Verwünschungen, die zur Strafe wie auch zur Überwindung eines Gegners erwirkt werden« (ebd., S. 63).

Auffällig ist, dass die Verwandlung von Menschen zu Tieren oft gegen ihren Willen geschieht, zum Beispiel als Strafe wie der aufgrund seiner Herzlosigkeit von einer Zauberin in ein Biest verwandelte Prinz und seine am Ende des Märchens erfolgende Erlösung wieder zum Menschen.

Neben Geschichten von zoomorphen Figuren gibt es auch jene von Menschen, die bei Tieren groß geworden sind. Obwohl sie im Laufe der Geschichte zu ihrer eigenen Art (Menschen) zurückkehren und für einige Zeit bei ihnen leben, gehen sie doch wieder freiwillig zu ihrer »tierischen Familie« zurück. Zu den bekanntesten Beispielen gehören Edgar Rice Burroughs' Tarzan-Figur als auch Rudyard Kiplings Mowgli, die beide bei Tieren aufgewachsen sind und sich aus diesem Grund mit ihnen identifizierten. In den hier angeführten Geschichten findet eine, wenn auch kritische Bewertung des menschlichen Zusammenlebens statt. Die Abkehr von den Menschen wird zu einer Option, die von den Protagonisten frei gewählt wird, nachdem eine Bestätigung des eigenen Selbst, die Zuordnung zu einer Art, stattfinden konnte.

Das Beispiel zu einem freiwilligen Artenwechsel findet sich zum Beispiel in der *Geschichte vom Kalif Storch*. In dem Märchen kaufen der Kalif und sein Wesir ein Pulver, mit dem sie sich in Tiere verwandeln und deren Sprache verstehen können.

> »Durch die Tiergestalt bewältigen die Protagonisten Aufgaben, welche sie in ihren menschlichen Körpern nicht schaffen könnten. […] Darin scheint die Wirklichkeitsauffassung durch, nach welcher die Tierverwandlung nicht eine Strafe ist, sondern eine Steigerung der Leistungsfähigkeit, die in freundschaftlichem Umgang mit dem Tier erworben wird« (Pevny, 2014, S. 21).

Diese bewusste, freiwillige Entscheidung wurde auch von den Interviewten getroffen. Neben der intrinsischen Motivation wirkte bei ihrer Entscheidung auch die Freude an und die Identifikation mit der eigenen (Tier-)Rolle mit sowie die Möglichkeit, im Rollenspiel eigene Kommunikations- und Verhaltensweisen unabhängig von der menschlichen Person, dem eigenen menschlichen Charakter, erproben und ausleben zu können. Eine solche »Verwandlung« bietet den Pets eine positive Erweiterung ihrer sonst durch menschliche Verhaltensnormen auferlegte und durch gesellschaftliche Erwartungshaltungen begrenzte Interaktionsvielfalt.

2.7 Mediale Darstellung 2: Beiträge über Petplay

Die Variationsbreite medialer Darstellungen von Petplay ist vielfältig, wie anhand der folgenden fünf Beispiele deutlich wird. In Kapitel 3 wird anhand von zwei Literaturbeispielen ein Einblick in die Selbstwahrnehmung der Petplay-Subkultur gewährt, weshalb an dieser Stelle bewusst auf Textauszüge verzichtet wird[34].

---

34 Zum Beispiel wird in den folgenden Werken das Thema Petplay behandelt: *Handzahm. An die Leine gelegt* von Cosette, *Natursekt und Petplay: Katzen* von Lilo West, *Verkauft: Auszug aus Ponytales 3* von Monika von Neuenkirchen oder *Becoming My Co-worker's Obedient Pet Dog* von Astera Maywood.

»Zap zap« – Fernsehen am Abend

Von 1995 bis 2016 lief die Telefon-Talkradio-Sendung *Domian* mit Jürgen Domian bei 1Live und dem WDR. »In unserer Partnerschaft gibt es ein Geheimnis«[35] war am 6. Juni 2008 der Titel eines Gesprächs des Moderators mit einem Anrufer zum Thema Petplay: Der Anrufer und seine Freundin führen seit drei Monaten eine Petplay-Beziehung, bei der er sie zur Hündin erzieht (dazu gehört u. a. Bellen statt Sprechen, Handlungen ohne Hinzunahme der Hände, Spiele wie Ball holen, Fellpflege, Gassi gehen, streicheln und verwöhnen). Sie läuft auf allen Vieren durch die Wohnung, frisst aus einem Hundenapf (kein Hundefutter) und benimmt sich die meiste Zeit wie eine Hündin. Sie gingen manchmal auch im Dunkeln Gassi und hofften dabei, nicht erwischt zu werden, erzählt er. Wenn sie anderen begegneten, stehe seine Freundin auf. So wollten sie ein Zwangsouting bzw. die Auseinandersetzung mit anderen Spazierenden verhindern. Wenn Besuch zu ihnen nach Hause käme, sagt er, ziehe sich seine Freundin oft ins Schlafzimmer zurück, weil sie ihre Rolle nicht ablegen wolle. Zwar hätten er und seine Freundin noch nicht am Petplay-Stammtisch Hamburg teilgenommen, aber sie wüssten von seiner Existenz. Domian und der Anrufer ordnen diese Spielweise dem BDSM zu, denn der Anrufer bestraft auch mal schlechtes Verhalten mit Schlägen (»Klaps« mit der Hand, ohne Werkzeuge wie Peitsche o. Ä.).

Die auf RTL II ausgestrahlte Sendereihe im Abendprogramm *Exklusiv – Die Reportage* zeigte am 27. Februar 2015 eine Sendung zum Thema »Fetischtrends extrem! Die neuen Lüste der Deutschen«, in der auch Petplay unter dem Titel »Kor-

35 WDR Fernsehen (Produktion). *Domian. In unserer Partnerschaft gibt es ein Geheimnis*, vom 06.06.2008. https://www.youtube.com/watch?v=fILAoDPO5aY (10.08.2015).

rekte Haustierhaltung«[36] thematisiert wurde:[37] Vier Personen treffen sich in einem öffentlichen Park. Zwei Trainer_innen erklären einem Pony-Play-Paar die »artgerechte Tierhaltung«, das umfasst die Behandlung, Beachtung und Erziehung von Pets wie bei »echten« Tieren. Das Pony zieht sich ein Outfit an und wird an die Trainerin übergeben, die daraufhin Gangarten mit dem Pony übt. Die Besitzerin des Ponys erläutert, dass sie die Renitenz ihrer Partnerin genieße, um auch eigene (dominante) Neigungen ausleben zu können. Es wird ferner erklärt, dass es das gemeinsame Ziel darstelle, sich in die Rolle eines Pferdes einzufühlen – »die Seele baumeln lassen«, sagt die Pony-Playerin. Es werden Reaktionen einer Gruppe Spaziergänger_innen, die das Ganze von außen beobachten, gezeigt, die eher mit Lachen und Unverständnis reagieren. Der Trainer erklärt der Besitzerin, dass auch die Benutzung der Gerte sinnvoll sein könne, statt nur mit Belohnung (»Leckerchen«) zu arbeiten. Das Pony-Training wird an dieser Stelle abgebrochen, da nun das Hundetraining folge, so der Trainer zur Besitzerin.

Der Fernsehsender ZDFneo zeigte in der Sendereihe *Wild Germany* einen FSK-16-Beitrag zum Thema »Furry[38] und Fetisch«[39], in dem auch das Thema Petplay[40] in den Blickpunkt

---

36 Blue Eyes Film & Television (Produktion). *Exklusiv – Die Reportage. Folge 1047: Fetischtrends extrem! – Die neuen Lüste der Deutschen*, vom 23.11.2018. https://www.rtl2.de/sendung/exklusiv-die-reportage/folge/folge-1047 (08.05.2019).

37 Online und damit jederzeit verfügbar werden in den verschiedenen Mediatheken FSK-16- und FSK-18-Beiträge zeitlich begrenzt beispielsweise zwischen 22 und 6 Uhr freigeschaltet.

38 »Furry« steht für eine internationale Interessenbewegung, die sich für anthropomorphe Tiere in Schrift, Bild und Ton interessiert (vgl. Kap. 5).

39 Ullrich, Jürgen (ZDFneo) & Steigler, Jasmin (Vice Media) (Produktion). *Wild Germany. Furry & Fetisch*, vom 13.03.13 (Cut [12:45–29:45min]). https://www.youtube.com/watch?v=MEBsqvGbhqE (11.08.2015).

40 In der angegebenen Quelle 12:45min – 29:45min.

rückt. Die Folge beginnt mit einem Besuch bei einer Domina mit ihrem Pony. Die Domina erzählt, dass sie privat ebenfalls Dressurreiten betreibe. Ihrer Wahrnehmung nach würden mehr Männer als Frauen ihre Dienstleistung in Anspruch nehmen, die Rollenverteilung bezüglich geschlechtlicher Identitäten sei jedoch ausgewogen. Der Moderator spricht mit der Pony-Playerin über ihre Wünsche und Vorstellungen und verabschiedet sich nach einer kurzen Darstellung des Dressurtrainings. Als nächstes wird der Werkstatt eines Petplay-Kostümbauers ein Besuch abgestattet, der weltweit fünf Masken pro Jahr verkauft. Der Wert eines kompletten Ponyoutfits liegt bei ca. 5.000 Euro. Dann zeigt der Kostümbildner, wie er eine Pferdemaske anfertigt und was es bei ihrer Gestaltung zu beachten gibt, denn die Wünsche der Kund_innen sind ganz individuell. Erotik spiele bei seinen Kund_innen eine gewisse Rolle, daher sei die Interaktion mit ihnen wichtig. Zu Furrys hat er auch eine Meinung: Sie seien niedlich wie Plüschtiere und es gebe ein paar Überschneidungen zwischen Petplay und Furry, da viele seiner Kund_innen beides ausprobieren bzw. ausleben (näher wird auf das Thema noch in Kapitel 5.5 eingegangen).

Anschließend besucht der Moderator ein Pony-Play-Paar. Für die beiden ist Petplay eine Art Gedankenspiel, vergleichbar mit LARP *(»live action role playing«)* (vgl. Kap. 3.3), es ist ein Hobby wie das eines Modelleisenbahnsammlers. Ihre Interaktion erfolgt ohne Sprache, nur über Gebiss und Zügel. Die Materialien (Leder, Latex) sind besonders für den Pony-Player von Bedeutung, da er durch sie seinen Fetisch ausleben kann. Im Mittelpunkt steht für sie jedoch die Interaktion miteinander. Zum Schluss zeigt das Paar, wie es dann in der Umsetzung tatsächlich aussieht: Der Pony-Player schlüpft in sein Outfit und zusammen mit dem Moderator gehen sie auf eine Wiese, um zu spielen – zuerst das Paar, dann auch der Moderator selbst. So sammelt Letzterer zunächst als Reiter und dann auch selbst als Pony erste Petplay-Erfahrungen.

Diese über Jahre erfolgreichen Fernsehformate erreichen ein vielfältiges Publikum. Die mediale Darstellung kaum verbreiteter erotisch-sexueller Spielarten ermöglicht jedem/jeder Zuschauer_in einen niedrigschwelligen Einblick in die existierende Vielfalt der menschlichen Sexualität. Im Vergleich mit den ausgewerteten Interviewaussagen erscheinen die Ausführungen des Anrufers in der Telefon-Talkradio-Sendung *Domian* realistisch und in keinem übertriebenen Maße für die mediale Darstellung aufgearbeitet. Besonders die zur Sprache gebrachten Ängste, wie erwischt oder zwangsgeoutet zu werden, sowie der Wunsch der Partnerin, die Rolle (in manchen Situationen) nicht ablegen zu wollen, sind interessant. Eine solch intime Selbstreflexion findet sich sinngemäß auch in einzelnen Aussagen der Interviewten wieder. Dass der Anrufer und seine Partnerin eine existierende Peer-Struktur erwähnen und deutlich machen, dass sie nicht alleine mit dieser Neigung sind, hilft Zuschauer_innen bei der weiteren Auseinandersetzung mit diesem Thema, sofern dieser Wunsch besteht.

Aussagen aus der RTL-II-Reportage wie »die Renitenz der Partnerin genießen, um die eigene Dominanz ausleben zu können« oder »die Seele baumeln lassen« finden sich auch in den Interviews wieder, sodass sie als realistisch zu bewerten sind.

Besonders gelungen ist der Beitrag in der Sendereihe *Wild Germany* zum Kostümbildner, weil hier das Handwerk und der beträchtliche Aufwand zur Herstellung der Kostüme und Masken noch einmal hervorgehoben wird. Der Blick ins Privatleben eines Petplay-Paares rückt hier auf gelungene Art und Weise einen anderen, ebenso wertvollen Punkt ins Licht: die individuellen Intentionen dieser Spielart. Beide Partner betonen, dass es sich bei Petplay um eine Art Hobby handelt, bei dem sie ihren Materialfetisch ausleben können, und dass sie die zwischenmenschliche Interaktion als sehr wertvoll empfinden.

Durch die sich ständig wiederholenden Darstellungen in den verschiedenen Fernsehformaten besteht die Gefahr, die Einzigartigkeit und Individualität beim Ausleben, die manche Menschen mit normabweichenden Neigungen empfinden, zu relativieren. Bestenfalls bieten solche Beiträge einen Zugang für Menschen, die meinen, mit ihren Fantasien allein zu sein, und die eine_n Partner_in zum Ausleben ihrer Wünsche suchen. Gesellschaftlich wäre wünschenswert und gewinnbringend, wenn es mehr mediale Darstellungen gäbe, die nicht ausschließlich der Befriedigung der Neugier dienen würden (im Sinne von »was geschieht wohl im Schlafzimmer der anderen«), sondern auch einen positiven Lern- und Vernetzungseffekt hätten sowie eine sachliche Betrachtung von normabweichenden Neigungen fördern würden.

Die beiden nun folgenden You-Tube-Beiträge zum Thema Petplay zeigen die Sicht einer Sexarbeiterin (Domina) und die eines privaten Spielpaares. Aktuelle Studienergebnisse[41] belegen, dass das klassische Fernsehprogramm vor allem für jüngere Generationen neben den Streamingangeboten nur noch eine untergeordnete Rolle spielt. Deshalb bieten YouTube- und andere Social-Media-Kanäle bei Recherchen in Schule und Ausbildung sowie bei Konsumverhalten und Unterhaltungsangeboten in der Freizeit zunehmend eine gute Übersicht und ein großes Themenspektrum. Insgesamt hat die breite gesellschaftliche Akzeptanz und die daraus resultierende Vielfalt an Beiträgen auf diesen Plattformen innerhalb weniger Jahre stark zugenommen. Beiträge von Petplayer_innen selbst sind nicht mehr nur auf themenspezifischen Erotikseiten hinter Jugendmedienschutzhürden, sondern ansprechend und sachlich aufbereitet auf weit verbreiteten Videoplattformen zu finden. Vielleicht kann dies schon als zunehmende Akzeptanz und Normalisierung menschlicher Sexualität und ihrer Spielarten interpretiert werden?

---

41 Jährliche repräsentative Untersuchungen zum Mediennutzungsverhalten von Kindern und Jugendlichen sind z. B. die KIM- und JIM-Studien des medienpädagogischen Forschungsverbunds Südwest.

»Klick klick« – Videos auf YouTube

Videoportale wie YouTube sind für viele Menschen längst zu Informations- und Unterhaltungsplattformen geworden. Unter dem Suchbegriff Petplay tauchen hier schnell zahlreiche Beiträge auf wie der einer Domina, Lady Julina, die in weniger als fünf Minuten erklärt, was sie unter Petplay versteht: Es ist ein Rollenspiel, bei dem *keine* echten Tiere involviert sind. Die beliebtesten und »gängigsten Rollen« der Player_innen sind die von Hund, Pony/Pferd und Schwein. Es geht um Unterwerfung, Erniedrigung und Sadomasochismus, aber auch um »klassische Spielarten« wie Orgasmuskontrolle und Keuschhaltung, wobei für sie als Domina die Zucht deutlich im Vordergrund stehe.[42] Wichtig bei der Rollenauswahl ist, dass Mensch und Tier ähnliche Charaktereigenschaften aufweisen, da so die Identifizierung mit dem Tier leichter fällt. Im Pony-Play werden die Ponys draußen im Stall gehalten, lernen Schrittarten wie Trab und Galopp und tragen ein komplettes Kostüm inklusive Hufschuhe, Pferdemaske und Schwanz (hier gibt es z. B. Analplugs mit Schweif). Dressuren finden draußen statt, das Pony trägt dabei einen Sattel. Hunde sind Haustiere und werden daher anders als die Ponys in der Wohnung gehalten, hier lernen sie Befehle wie »Sitz«, »Platz« und »Bleib«. Sie schlafen »zu den Füßen« bzw. vor dem Bett ihrer Besitzer_innen, die Couch ist dagegen ein Tabu. Gehorchen die Play-Hunde nicht, kriegen sie »den Hintern voll«.

Zum Thema Schweine erklärt die Domina, dass Play-Schweine sich meist Masthaltungen und Scheinschlachtungen wünschten. Hierbei handle es sich ihrer Meinung nach allerdings um

---

42 Orgasmuskontrolle, Keuschhaltung und Zucht (selbstgewählte Worte der Darstellerin) deuten auf eine sexuell konnotierte oder sogar sexuell fokussierte Petplay-Spielvariante hin, die von der Mehrzahl der befragten Expert_innen und auch nach deren Einschätzung ihres subkulturellen Umfeldes weniger häufig betrieben wird (vgl. Kap. 5.9).

einen Grenzbereich, ohne dies jedoch weiter zu erklären. Auffällig ist, dass mir während meiner Recherchen Schweine-Play fast ausschließlich im Kontext von Sexarbeit begegnete. Zur Ausführung von Petplay im Freien betont die Domina, man solle unbedingt darauf achten, dass man nicht von Kindern gesehen werde, da das Spiel auf sie »verstörend« wirken könne.[43]

Taboo ist eine Dokumentationsreihe des Fernsehsenders National Geographic und hat einen gepflegten YouTube-Channel mit vielen Folgen. Im Beitrag zum Thema Fetisch[44] gibt es auch Aufnahmen zum Thema Petplay. So wird von der Freundschaft zwischen der Dog-Playerin Jen in der Rolle des Dobermanns Tyke und ihrer Besitzerin berichtet. Die Dobermann-Playerin beschreibt ihre Rolle und den Menschen dahinter: Das Abstreifen des Menschlichen empfindet sie als entspannend und die Besitzerin selbst genießt es, anderen Menschen den Rollenwechsel zu ermöglichen. Beim Petplay gehe es, so die Playerin, um etwas, dass viel weiter als die menschliche Identität greife (vgl. hierzu Kap. 5.5 zu »Gemeinsamkeiten von Petplay und Furry«). Die Outfitgestaltung ist immer individuell und das Material, hier zum Beispiel Leder, fühlt sich für die Playerin wie das eigene Hundefell an. Die Rolle des Dobermanns spielt sie täglich zwei bis vier Stunden – aber auch mal einen ganzen Tag. Die beiden nutzen Leckerlies zum Training, nachts schläft die Dog-Playerin in einem Käfig, was sie als »umsorgt werden« empfindet und sehr positiv beschreibt.

Ein Bioethiker kommt zu Wort und weist darauf hin, dass die Vorstellung, sich freiwillig in die Rolle eines Tieres zu begeben, für viele ein Tabu sei. Hierauf wird auf die Beziehung zwischen Dog-Playerin und Besitzerin eingegangen und erläutert, wie sich

43 Lady Julina (2014). *BDSM-Lexikon: PETPLAY*. Bound-n-Hit. https://www.youtube.com/watch?v=s6DFY5a7zFg (13.07.2015).

44 National Geographic (2013). *Taboo. Fetish*. https://www.youtube.com/watch?v=TVfwHxlQOLM (13.07.2015).

die individuelle Rolle und der individuelle Charakter des Hundes mit der Zeit entwickelte (vgl. hierzu Kap. 5.4 zu »Bedeutung der eigenen Rolle).

Die Zuschauer_innen beobachten die beiden nun beim Gassi gehen. Die Dog-Playerin läuft hierbei auf zwei Beinen, um schneller voranzukommen, und begleitet ihr Frauchen überall hin, auch in den Friseursalon. Eine Stimme aus dem Off kommentiert die Beziehung, die vor allem auf Vertrauen und Respekt basiere. Liebe, Pflege und gegenseitige Fürsorge prägen laut der Besitzerin ihr Miteinander.

Beim anschließenden Training im öffentlichen Park nutzt sie deutsche Befehle wie es der Hunderasse (Dobermann) entspricht. Der Hund soll eine Erziehung zum Wachhund bekommen, da die Playerin zehn Jahre beim Militär war und sich in einer klar strukturierten Umgebung wohlfühlt.

Eine Sexologin erklärt daraufhin, was den Reiz beider Rollen ausmacht: Während die Besitzer_innen es genießen, die Kontrolle zu haben und Einfluss darauf zu nehmen, was passiert, und den Hund zu umsorgen, liebt der Hund es gerade, die Kontrolle abgeben und sich auf eine non-verbale, physische und emotionale Ebene begeben zu können.

Bei einem Treffen mit anderen Dog-Player_innen und Besitzer_innen erfahren die Zuschauer_innen, warum sie spielen und was sie dabei empfinden. Die Betonung liegt hierbei auf »love and affection« (Liebe und Zuneigung). Ein Psychologe unterscheidet hier zwischen dem beschriebenen Spiel und einem klinisch-pathologischen Verhalten, das vorliege, wenn das Verhalten sehr gewalttätig werde oder das tägliche Leben beeinträchtige. Die Stimme aus dem Off erklärt zum Schluss noch einmal, dass Sex zwar eine Rolle spielen könne, aber nicht zwingend notwendig sei. In diesem Zusammenhang hebt sie das wichtigste Merkmal noch einmal hervor: Echte Tiere spielen *keine* Rolle in den Petplay-Interaktionen, die Vorstellung von sexuellen Handlungen mit echten Tieren gehören zu den Vorurteilen. Der Beitrag innerhalb der Sendung endet mit den Aussagen beider, dass es sich zwischen ihnen um eine »magische« Beziehung handelt, die geprägt ist von Liebe und Fürsorge (vgl. YouTube, 2014a).

Die Domina, Lady Julina, ermöglicht den Zuschauer_innen einen exklusiven Einblick in den Bezahlsektor des Petplays. Besonders die von ihr erwähnte Schwein-Rolle in Verbindung mit Spielarten wie »Mast« und »Scheinschlachtung« bedeutet eine Erweiterung der bisherigen medialen Darstellungen von Petplay-Rollen. Für die Rolle des Schweins finden sich eher negative Konnotationen wie »dreckig« oder »fett« – seine Bedeutung als Glücksschwein dürfte hier weniger Anklang finden, da die Arbeit der Domina eher die Erniedrigung und Dominanz fokussiert. In den Interviews wurde das Schweine-Rollenspiel deutlich dem Bezahlsektor zugeordnet, in privaten Spielbeziehungen oder in anderen persönlichen Kontakten nahmen die Befragten die Spielvariante eher nicht wahr. Hier scheinen wenig Anknüpfungsoptionen oder Überschneidungen bzw. eine Separierung der Subkulturen zu existieren.

Die im YouTube-Beitrag von National Geographic dargestellte Petplay-Freundschaft bietet, vergleichbar mit dem kurzen Fernsehbeitrag in *Wild Germany*, einen intimen Einblick in persönliche Motivationen, Gedanken und Emotionen der Petplayer_innen. Das Besondere ist der Fokus, der hier auf der Darstellung des asexuellen Spiels miteinander liegt, das geprägt ist von Liebe und Zuneigung, weniger von Erotik oder Materialfetisch. Im Vergleich zu den Erläuterungen der Domina, die im Hinblick auf Ähnlichkeiten zwischen dem menschlichen und dem tierischen Charakter scheinbar die Rolle vorgibt, ist die Rolle des Dobermanns Tyke eine selbstgewählte Rolle, die die Petplayerin bewusst gewählt hat und im Zusammensein mit der Halterin genießt. Die unterschiedlichen Intentionen – hier die Erniedrigung, da der Wohlfühlfaktor – werden hier noch einmal deutlich. In den Interviews gehen die Befragten jedoch noch auf eine andere Art ein: Während es bei Petplay um das Ausleben einer gespielten Rolle geht und das Pet weiterhin primär als Mensch existiert, schreiben sie stärkere Vermischungen von gelebtem Tier- und Menschcharakter den Furry-Wesen zu (vgl. Kap. 5.5).

3 Der spielende Mensch

Der Blick auf Mythen, Sprache, wissenschaftliche Begriffsdifferenzierungen sowie religiösen und spirituellen Aspekten des Verhältnisses von Menschen und Tieren machen das kulturelle Erbe deutlich, das die Sichtweisen und Überzeugungen der Erwachsenen prägt. Das Spielen an sich wird heute noch immer mit der Kreativität der Kindheit und der Leichtigkeit der Jugend[45] in Verbindung gebracht und steht damit dem Verantwortungs- und Kontrollbewusstsein der Erwachsenen entgegen. Das menschliche Spielverhalten hat jedoch einen Sinn: Es ist »eine notwendige, zumindest eine nützliche Aufgabe« (Huizinga, [2011] 1938, S. 10), denn es ist mehr als ein angeborener Nachahmungstrieb oder die Übung in Selbstbeherrschung oder Wettbewerb, es ist auch die »unschuldige Abregung schädlicher Triebe« oder »die Befriedigung in Wirklichkeit unerfüllbarer Wünsche« (vgl. ebd.). Spiel finde unabhängig von kulturellem Kontext und Weltanschauungen statt, es existiere seit jeher und sei, so Huizinga, älter als die menschliche Kultur selbst. Vor allem die »Spiele sozialer Art« versteht Huizinga als eine höhere Form des Spiels, weil es – im Vergleich zum tierischen Spielverhalten oder der des Kleinkindes – entwickelter und gegliederter sei, sowie vielfältigere, sichtbare Kennzeichen trage (vgl. ebd., S. 15). Das Spiel wird im Kontext von Virtual Reality und dem Effekt der Immersion daher wie folgt definiert:

---

45 »Kindheit« und »Jugend« sind hier als Konzepte neuerer Zeit zu verstehen, in denen Kinder keine »kleinen Erwachsenen« mehr sind, sondern Zeit für ihre individuelle Entwicklung benötigen, bevor sie die produktive und geistig-intellektuelle Erwachsenenphase erreichen (vgl. Thiesen, 1993, S. 13ff.).

> »Spiel ist freiwillige Handlung oder Beschäftigung, die innerhalb gewisser festgesetzter Grenzen von Zeit und Raum nach freiwillig angenommenen, aber unbedingt bindenden Regeln verrichtet wird, ihr Ziel in sich selber hat und begleitet wird von einem Gefühl der Spannung und Freude und einem Bewußtsein des ›Anderssein‹ als das ›gewöhnliche Leben‹« (ebd., S. 37).

Diese Definition passt zu den Aussagen Befragter zum Thema Petplay in Bezug auf ihre Selbstdarstellungen sowie jeweilige Motivation und individuelle Freude am jeweiligen Spiel (vgl. Kap. 5). Aber weder die Ursprungsforschung zu »normabweichendem« Sexualverhalten[46] noch die verschiedenen Sichtweisen auf die kindliche Sexualentwicklung oder Definitionsvielfalt bezüglich »kindlicher Sexualität« werden hier weiter vertieft, stattdessen geht es im Folgenden vielmehr um die Erlebnisfaktoren des Kindes in seinen ersten Lebensjahren. Das ermöglicht uns ein besseres Verständnis für die Selbstverständlichkeit, mit der Kinder das Spielen wahrnehmen. Die Theorien Freuds zur kindlichen Masturbation (vgl. Quindeau, 2014) und Largos Betrachtungen der Entwicklungen kindlichen Spielverhaltens stehen hierbei im Fokus. Ziel ist es, die zeitgleich stattfindenden Entwicklungen des sexuellen und des spielerischen Verhaltens darzustellen. Das Augenmerk liegt nun auf dem Wort »Play«.

3.1 Die Entwicklung menschlicher Sexualität

In seinen *Drei Abhandlungen zur Sexualtheorie* (1905d) beschäftigt sich Sigmund Freud mit der infantilen Sexualent-

46 Ansätze der Ursprungsforschung wären: Prädispositon (genetische Veranlagung), Prägung während der Schwangerschaft, Angstforschung (Traumatisierungen durch das Geburtserleben wie die »Angst zu [e]rsticken« oder die »Angst, erdrückt zu werden«) sowie Sozialisationseinflüsse während der Kindheit und/oder Pubertät (vgl. Elb, 2006, S. 46f.).

wicklung. Basierend auf der Annahme, dass der Mensch einen Sexualtrieb hat (Triebtheorie), unterteilt Freud die kindliche Entwicklung in verschiedene Phasen der Triebentwicklung, in denen jeweils unterschiedliche und teils aufeinander aufbauende Entwicklungsaufgaben bewältigt werden (sollen), um eine »natürliche«, »gesunde« Erwachsenensexualität zu entwickeln[47]. Unter anderem werden seiner Theorie entsprechend des Instanzen-Modells der Persönlichkeit ausgeprägt u. a. mithilfe von Scham, Ekel und Moral (vgl. Freud, 1905d, S. 92).

Zur zweiten der drei Phasen[48] der »infantilen Masturbation« (ebd., S. 89) sagt Freud: »[A]lle Einzelheiten dieser *zweiten* infantilen Sexualbetätigung hinterlassen die tiefsten (unbewußten) Eindrucksspuren im Gedächtnis der Person [und] bestimmen die Entwicklung des Charakters« (vgl. ebd., S. 90). Kinder erleben nach Freud auf unterschiedlichste Weise Lust (z. B. durch das Betasten von Gegenständen mit dem Mund während der oralen Phase), da sie (noch) nicht auf ihre Genitalien fokussiert sind. Die Ausgestaltung dieser Phase ist nach Freud stark bedingt durch innere und äußere Einflüsse (vgl. ebd., S. 91). Die »geringe[n] Widerstände«, die »seelischen Dämme gegen sexuelle Ausschreitungen« (ebd., S. 92) (Scham, Ekel und Moral) wurden (noch) nicht gänzlich ausgebildet, weshalb Kinder besonders leicht dem möglichen Einfluss von Verführungen erliegen und so polymorph-pervers werden (ebd., S. 91f.). Durch den »Einfluß der Verführung, die das Kind vorzeitig als Sexualobjekt behandelt« (ebd., S. 91), lernt es »die Befriedigung der Genitalzone«

---

47 »Natürlich« bedeutet hier rein genital, zwischen zwei Erwachsenen (unterschiedlicher geschlechtlicher Identität) und als primäre Funktion die Fortpflanzung anstrebend, wobei die Befriedigung die zweite Stelle einnimmt (vgl. Rieländer, 2004, S. 2); Sexualität also im biologistischen Sinne.

48 Die drei Phasen bestehen aus (1) der Säuglingszeit, (2) der Zeit um das vierte Lebensjahr herum (äußert sich als Kitzelreiz) und (3) Pubertätsonanie (vgl. Freud, 1905d, S. 89).

(ebd.) kennen. Diese Erweckung kann auch ohne externe Einflüsse und »spontan aus inneren Ursachen vor sich gehen« (ebd.).

> »Das Kind verhält sich hierin nicht anders als etwa das unkultivierte Durchschnittsweib, bei dem die nämliche polymorph perverse Veranlagung erhalten bleibt. Dieses kann unter den gewöhnlichen Bedingungen etwa sexuell normal bleiben, unter der Leitung eines geschickten Verführers wird es an allen Perversionen[49] Geschmack finden und dieselben für seine Sexualbetätigung festhalten. Die nämliche polymorphe, also infantile, Anlage beutet dann die Dirne für ihre Berufstätigkeit aus« (ebd., S. 92).

Kinder können also ihre polymorph-perverse Veranlagung bis ins Erwachsenenalter hinein erhalten. Sie können dann grundsätzlich an allen Perversionen Geschmack finden und diese zukünftig in der eigenen, erwachsenen Sexualität ausleben (ebd., S. 93). Sexarbeiterinnen gelten nach Freud somit auch als Erwachsene als »pervers«, und zwar im Sinne von normabweichend[50].

Freuds Theorien und Ausführungen wurden vielfach kritisiert – insbesondere für ihren Androzentrismus – und gelten deshalb heute zum Teil als überholt. Da seine Konzepte über lange Zeit Gültigkeit hatten, eignen sie sich zur Orientierung für Forschungsarbeiten. Auch diese Darstellung soll lediglich als Gedankenanstoß verstanden werden, inwiefern Entwicklungen der menschlichen Sexualität und des kindlichen Spielverhaltens parallel verlaufen (können) und welchen möglichen Verknüpfungen sie gegebenenfalls unterliegen. Doch was ist eigentlich Spielen?

---

49 »Perversion« meint zumeist die Abweichung von der Sexualität, die der_die sexuell Aktive für sich selbst als »normal« definiert hat; oft wird Perversion im biologistischen Sinne verwendet.

50 Hierzu bemerkt Elb, dass »sein ideelles Festhalten an einem spezifischen erwachsenen, ausgereift-genitalen Sexualitäts-Paradigma […] Freud noch nicht [erlaubt], einen pathologisierenden Diskurs zu verlassen« (Elb, 2006, S. 33).

3.2 Entwicklung des menschlichen Spielverhaltens

Das heutige Verständnis von Kindheit in westlichen Gesellschaften schließt die Erwartungshaltung mit ein, dass Kinder spielen. Aber was bedeutet »spielen« genau? In der Psychologie und Pädagogik wurden ausführlich die verschiedenen Facetten des Spielverhaltens beobachtet, analysiert und interpretiert. Es gibt die Erwartungshaltung gegenüber dem Kind, dass es in den verschiedenen Altersstufen bestimmte Entwicklungen durchlebt. Sie legten Normen[51] für die kindliche Entwicklung fest und kamen zu dem Ergebnis, dass das kindliche Spielverhalten ein universales ist. Remo H. Largo, ein schweizer Kinderarzt und Autor, beschreibt es so:

> »Die genannten Verhaltensweisen beim Spielen finden sich bei allen Kindern in den unterschiedlichsten Kulturen. Die Art und Weise, wie diese zur Darstellung gebracht werden, ist aber so vielfältig wie die kulturelle Umwelt, in der die Kinder leben. Während Kinder in Europa für ihr Inhalt-Behälter-Spiel Plastikbecher und Sand benutzen, verwenden Kinder in Afrika Tongefäße und Erde[52] oder auf Bali ausgehöhlte Kürbisse und Kerne. Der Ausdruck des Spiels ist zeit- und kulturgebunden und damit von Generation zu Generation und von Gesellschaft zu Gesellschaft verschieden. Die Abfolge und der Inhalt des Spiels werden jedoch durch den gesetz-

51 Normierungen der Entwicklung erhöhen bei Eltern im Falle einer Abweichung den Leistungsdruck und die Angst, das eigene Kind »weiche ab« (im Sinne eines verzögerten Entwicklungspotenzials) und erfahre dadurch eine gesellschaftliche Benachteiligung, dabei sind Abweichungen von gesetzten Normen vor allem in den ersten fünf Lebensjahren üblich und individuell sehr unterschiedlich, was Largo vielfach in seinen Ausführungen betont.

52 Auch in Afrika oder auf Bali gibt es natürlich Plastikbecher und Sand, die bei diesem Spiel benutzt werden können. Largo kommt es jedoch bei seinen Ausführungen darauf an zu zeigen, dass sich zwar die benutzten Materialien unterscheiden können, aber die Spielform gleich bleibt bzw. sehr ähnlich ist.

> mäßigen Ablauf der geistigen Entwicklung des Kindes bestimmt« (Largo, 2015, S. 273).

Die Freude und das Interesse der Kinder am Spiel sind angeboren. Allerdings spielen sie weniger, wenn es ihnen an psychischem und physischem Wohlbefinden mangelt (vgl. ebd., S. 272): Greifen beispielsweise Erwachsene ins Spiel ein, um den Kindern etwas beizubringen, um ihre Handlungen zu beeinflussen oder um ihnen ein bestimmtes Verhalten aufzuzwingen, kann dies negative Auswirkungen[53] auf die Entwicklung haben, denn Eigenmotivation und Handlungsbedürfnis fehlen. Das Verhalten ist extrinsisch antrainiert statt intrinsisch erlernt (vgl. ebd., S. 275).

Wird Kindern der Freiraum gegeben, sich selbst auszuprobieren, entwickelt sich »angeborenes Verhalten« wie Motorik (vom Krabbeln bis zum Laufen, vom Greifen bis zum feinmotorischen Aufheben eines Brotkrümels) von selbst (vgl. ebd., S. 276f.). Neben dem »angeborenen« Verhalten entwickeln Kinder ihre Fähigkeiten vor allem durch die Nachahmung ihrer Umwelt:

> »In der menschlichen Gesellschaft sind die Beziehungsstrukturen, Kommunikationsformen und Kulturtechniken so komplex geworden, dass ein Kind 10 bis 20 Jahre braucht, um die wesentlichen Verhaltensweisen durch Nachahmung zu erwerben. Ein ausgeprägtes Bedürfnis des Kindes nach Nachahmung spielt dabei ebenso eine entscheidende Rolle wie das notwendige Vorhandensein von Vorbildern« (ebd., S. 278).

Durch soziale Spiele erlernen Kinder kulturell unterschiedliche Verhaltensweisen (z. B. ob sich Menschen zur Begrüßung in die

---

53 Ein Beispiel hierfür ist das extrinsische Training, mit Besteck zu essen, statt auf das intrinsische Nachahmen des Kindes zu warten. Dies könnte als möglicher Faktor für die Entwicklung einer späteren Essstörung interpretiert werden (vgl. Largo, 2015, S. 275f.).

Augen schauen, den Kopf neigen oder den Blick senken) und die Sprache (indem sie z.B. die Sprechweise von nahen Bezugsperson wie Eltern, Geschwistern und anderen vertrauten Menschen nachahmen) (vgl. ebd.).

0 bis 3 Monate

Säuglinge nehmen Veränderungen in der Mimik und Stimme ihres Gegenübers wahr und reagieren selbst durch Mimik, Körperbewegungen und Stimme darauf, sodass ein »Wechselspiel zwischen dem Kind und den Menschen, die sich ihm zuwenden« (ebd., S. 293), entsteht. Außerdem beschäftigen sich Kinder in diesem Alter vor allem mit ihren Händen: Sie stecken sie in den Mund, um sie auf diese Weise zu ertasten, betrachten sie, um sie visuell zu erkunden, und führen mit ihnen Greifbewegungen aus, auch wenn ihnen das in der Regel noch nicht gelingt (vgl. ebd., S. 299ff.).

4 bis 9 Monate

Das Baby erkundet Alltagsgegenstände oder das, was ihnen andere zur Verfügung stellen, vor allem mit den Händen und dem Mund: »Die sinnlichen Erkundungsweisen stellen die wichtigste Spielform im 1. Lebensjahr dar« (ebd., S. 304f.).

Die Motorik wird zunehmend feinmotorischer: vom einfachen Faustgriff und palmaren Greifen (Greifen mit der ganzen Innenfläche der Hand) über den radialen Faustgriff (Griff besonders mithilfe des Daumens) und über den Scherengriff (Ergreifen des Gegenstands mit Daumen und Zeigefinger) bis zum Pinzettengriff (Festhalten des Gegenstands zwischen den Fingerkuppen von Daumen und Zeigefinger) (vgl. ebd., S. 306).

Ab dem neunten Monat zeigt sich anhand von Spielen die Merkfähigkeit und das Kurzzeitgedächtnis der Babys: Sie wissen jetzt, dass Gegenstände, die herunterfallen oder unter einen

Schrank rollen, nicht einfach weg sind. Sie schauen dem Gegenstand nach, bis er aus ihrem Blickfeld verschwindet, wohl wissend, dass er nicht für immer verloren ist.[54]

Außerdem beginnen Kinder zu verstehen, dass das eigene Handeln Konsequenzen hat (Kausalitäten). So erkennen sie beispielsweise, dass das Ziehen an der Schnur, die am Spielzeug befestigt ist, das Spielzeug (in greifbare Nähe) in Bewegung setzt, oder dass das Anstupsen der Glocke ein klingelndes Geräusch verursacht (vgl. ebd., S. 316f.).

10 bis 24 Monate

Im zweiten Lebensjahr entwickeln sich zahlreiche geistige, sprachliche und soziale Fähigkeiten des Kleinkindes, die im Spiel deutlich zutage treten:

> »Über die Nachahmung von alltäglichen Handlungen lernt es, Gegenstände funktionell zu gebrauchen. Es fährt sich mit der Haarbürste über den Kopf, kritzelt mit dem Kugelschreiber auf die Zeitung oder angelt sich den Telefonhörer und plaudert« (ebd., S. 322).

Am Ende des zweiten Lebensjahres sind Kinder zunehmend in der Lage, Unterschiede bei Gegenständen zu erkennen (räumliches Verstehen) und Spielzeuge nach Art, Form und/oder Größe zu sortieren (vgl. ebd.). Sie entwickeln außerdem verschiedene Spielformen:

1. Funktionelles Spiel: Gegenstände werden ihrer Funktion entsprechend benutzt, zum Beispiel glättet das Kind mithilfe einer Bürste die Haare seiner Puppe.

---

54 Die kognitive Fähigkeit zu wissen, dass etwas (Personen, Gegenstände usw.) auch dann weiterexistiert, wenn es sich nicht mehr im Radius der eigenen Wahrnehmung befindet, ist auch als Objektpermanenz bekannt. Der Terminus geht auf Jean Piaget (1975) zurück.

2. Repräsentatives Spiel I + II: Handlungen werden auf bestimmte Situationen übertragen, zum Beispiel nutzt das Kind seine Puppe zur Ausführung einer bestimmten Handlung.
3. Sequenzielles Spiel: Handlungen werden nachgespielt, zum Beispiel sitzt die Puppe am gedeckten Tisch und isst.
4. Symbolspiel: Einem Gegenstand wird die Bedeutung eines anderen zugeschrieben, zum Beispiel spielt das Kind eine Busfahrt nach, indem es seine Puppen auf Stühle setzt, die hintereinander angeordnet sind (vgl. ebd., S. 330).

Als soziales Spiel ist auch das Geben-und-Nehmen-Spiel sehr beliebt: Das Kind gibt einer Person einen Gegenstand und erwartet anschließend die Rückgabe. Mit diesem Verhalten überprüft es, ob seine Erwartung bezüglich der Reaktion seines Gegenübers eintrifft: »Wenn ich es weggebe, kriege ich es auch wieder zurück.« So lernen Kinder, dass sie das Verhalten anderer aktiv beeinflussen können (vgl. ebd., S. 334).

25 bis 48 Monate

> »Im Verlauf des 3. und 4. Lebensjahres wird das kindliche Spiel immer vielfältiger und differenzierter. [...] Sophie spielt das Verhalten der Affen nach. Gemeinsam stellen sie die Pinguinshow dar. Die beiden Kinder sind fähig, den Ablauf eines Geschehens, das sie nur ein Mal erlebt haben, zu einem späteren Zeitpunkt wiederzugeben. Ein charakteristisches Merkmal des Spiels in dieser Altersperiode sind Phantasiefiguren, die für die Kinder etwas Besonderes verkörpern« (ebd., S. 338).

Neben dem Interesse an Bilderbüchern und Geschichten, das in dieser Phase aufgrund des zunehmenden Verstehens von Gesamtzusammenhängen auftritt (vgl. ebd., S. 344), baut das Kind weitere seiner Fähigkeiten aus: vom räumlichen Spielen wie dem Bauen von Türmen und Brücken mit Klötzchen über das Basteln mit einer Schere oder das Aufziehen von Holzperlen auf eine Schnur bis hin zum Zeichnen[55] (vgl. ebd., S. 342).

Zu Beginn des dritten Lebensjahres ahmen die Kleinen oftmals einfache Abläufe von Alltagshandlungen nach: Sie spielen »Familie«, z.B. mit ihren Puppen, »Baustelle« oder »Straßenverkehr« mithilfe ihrer Spielzeugautos, -kipplaster oder -bagger.

In dieser Phase spielen Kinder noch nicht interaktiv miteinander, sondern eher nebeneinander (Parallelspiel) und beobachten das Spiel anderer Kinder, um es zu imitieren (vgl. ebd., S. 345).

> »Aus diesem Spiel entwickelt sich zwischen dem 3. und 5. Lebensjahr das Rollenspiel. Die Kinder spielen Szenen des Alltags wie beispielsweise ›Spazierengehen‹ nach. Die Puppe wird angezogen, das Wägelchen bereitgestellt, die Puppe hineingelegt, und auf geht es zur Spazierfahrt. [...] Eine weitere Stufe des Rollenspiels erreicht das Kind, wenn es einerseits eine bestimmte Rolle einnehmen und andererseits auf die Rolle eingehen kann, die ein anderes Kind übernommen hat. Dazu wird ein Kind fähig, wenn es sich in das Denken, Fühlen und Handeln eines anderen Kindes hineinversetzen kann« (ebd., S. 346).

Im Alter zwischen drei und vier Jahren beeinflussen dann auch Märchen voller Fabelwesen, abenteuerlicher (zwischenmenschlicher) Handlungen, Magie und Zauberei das kindliche Spiel: Wichtig werden nun auch Zuschreibungen bzw. symbolische Eigenschaften wie Schönheit, Größe und Kraft (vgl. ebd., S. 347f.).

3.3 Rollenspiele

> »Auf der Basis von erlebter Nähe und Verwandtschaft entwickelt sich in der Regel auch das aus zahlreichen Mythen und Märchen bekannte Verwandlungsmotiv. Der Wunsch, als Vogel die Erdenschwere

55 Während Kinder im dritten Lebensjahr noch wahllos auf dem Papier herumkritzeln, malen sie im vierten Lebensjahr bereits vermehrt geschlossene

überwinden zu können, ist selbst dem ›aufgeklärten‹ Menschen nachvollziehbar. Bei Kindern und Jugendlichen dürfte das Verwandlungsmotiv eine wichtige Hilfe bei der Selbst- und Weltfindung bilden. Nach Zillig (1961) wählen zwölfjährige Jungen Tiere, die durch Gefährlichkeit, Angriffslust und Kraft auffallen, Feinde töten können, Siege erringen oder durch die eigene Tüchtigkeit im ›Wohlstand‹ leben. Mädchen möchten sich hingegen in Tiere verwandeln, die sich durch Schönheit oder besondere Künste auszeichnen, Schutz und Geborgenheit genießen oder leicht fliehen und sich verbergen können. Neben den möglicherweise bestehenden hereditären [angeborenen] oder archetypischen Dispositionen dürften die Sozialisationsmuster der geschlechtsspezifischen Rollenverteilung die einzelnen Verwandlungswünsche entscheidend prägen« (Meyer, 1975, S. 63).

Solche und andere Rollenspiele sind auch bei Erwachsenen beliebt. So ziehen sowohl jüngere als auch ältere Erwachsene verkleidet und bewaffnet für ein abenteuerliches »live action role play« (LARP) in den Wald oder ins Feld, schlüpfen gemeinsam und ohne den Raum dafür zu verlassen mithilfe der Fantasie und unter Anleitung eines_einer Spielleiter_in in ein »Pen-&-Paper-Rollenspiel«, bei dem sie gegen beeindruckende Kreaturen kämpfen, oder sie stellen sich in Computer-Rollenspielen als Gruppe oder alleine den virtuellen Gefahren.[56]

Eine weitere Komponente darf bei erwachsenen Rollenspielen nicht außer Acht gelassen werden: Menschen sind sexuelle Wesen, und das spiegelt sich in erotischen Rollenspielen wider. Die Bandbreite erstreckt sich von unartigen Schüler_innen mit

Formen und erste Darstellungen von Menschen (sogenannte »Kopffüßler«), die bis zum fünften Lebensjahr zunehmend detaillierter werden (Hände, Füße, Haare u.a.) (vgl. Largo, 2015, S. 342).

56 Vgl. MyRoleplay. Was ist Rollenspiel? http://my-rp.de/rollenspiel-allgemein/was-ist-rollenspiel/ (13.07.2015) sowie Nordcon. Was ist Rollenspiel? http://www.nordcon.de/index.php?option=com_content&view=article&id=230:was-ist-rollenspiel&catid=31:general&Itemid=86 (13.07.2015).

strengen Lehrer_innen über das sexy Pflegepersonal mit ihren hilflosen Patient_innen bis hin zur »allmächtigen Amazonen-Königin [...] [oder zu] Daddy und die ungehorsame Tochter« (Grimme, 2004, S. 110ff.).

Sobald es um erotische und/oder sexuelle Rollenspiele geht, müssen verschiedenste Aspekte, die auch aus der BDSM-Subkultur bekannt sind, beachtet werden. Dazu gehören unter anderem Absprachen im Vorfeld bezüglich Wünschen und Grenzen, das Teilen eigener Fantasien sowie die Festlegung von gewünschten Rollen und dem damit verbundenen Hierarchieverhältnis.

Hier tauchen die von Huizinga definierten Aspekte des Spiels, das unabhängig von Alter oder Kontext ist, wieder auf: Konsens, Absprachen bzw. Einhalten von Regeln, Festlegung des zeitlichen und räumlichen Rahmens, das Spielen um des Spielens willen sowie Freude und Spannung (vgl. Huizinga, [2011] 1938, S. 37). Der Zusammenhang von BDSM und Petplay deutet sich hier bereits an.

3.4 BDSM

> »SM ist die bewusste Anwendung psychologischer Dominanz und Unterwerfung mit/ohne Fesselungen/Fixierungen mit/ohne Schmerzen und/oder vergleichbaren Praktiken auf sichere, legale Weise und im Einvernehmen, um den Beteiligten die Erfahrung erotischer Erregung und/oder persönlicher Entwicklung zu ermöglichen«[57] (Wiseman, 1996, S. 40; Übers. d. A.).

Da in den Interviews in Kapitel 5 wiederholt auf die Überschneidungen von Petplay mit der BDSM-Subkultur verwiesen wird und Praktiken diskutiert werden, die eng mit dem Dominanz/Submission-Konzept (kurz D/S) und subkulturellen Ver-

57 »SM is the knowing use of psychological dominance and submission, and/or physical bondage, and/or pain, and/or related practices in a safe, legal, con-

haltensweisen verbunden sind, werden hier die wesentlichen Begriffe benannt und erklärt.

Anfang der 1990er[58] Jahre etablierte sich das Akronym »BDSM« und löste das bis dahin gebräuchliche »SM« (Sadismus und Masochismus) ab.

Grund hierfür war vermutlich, dass BDSM eine umfassendere Subsumierung der vielfältigen Neigungen und Praktiken innerhalb der BDSM-Subkultur ermöglichte[59].

B steht für *B*ondage, also Fesselung oder Fixierung mittels verschiedener Hilfsmittel[60] wie Seile, Ketten, Handschellen, Lakritzstangen oder Halstücher. Auch unter kunstvollen und ästhetischen Aspekten (z.B. Shibari[61]) wird der_die Gefesselte fixiert, seine_ihre Bewegungen teilweise oder ganz eingeschränkt oder einzelne Körperteile werden für einige Zeit abgebunden. Bondage and discipline wird oft »gebraucht von Leuten, die ›SM‹ und ›sadomasochistisch‹ für zu ›martialisch‹ oder zu hart halten, um damit ihre Sexualität zu beschreiben« (Elb, 2006, S. 294). *D* steht für *D*isziplinierung, also das Empfangen von »ritualisierten Schlägen« (Bauer, 2004, S. 243) mit verschiedenen Hilfsmitteln wie Hand, Rohrstock, Gürtel, Kochlöffel, Peitsche oder Reitgerte (vgl. Grimme, 2004, S. 31).

---

sensual manner in order for the participants to experience erotic arousal and/or personal growth« (Wiseman, 1996, S. 40).

58 Das Wort BDSM geht vermutlich auf die 1988 gegründete und mittlerweile aufgelöste Newsgroup alt.sex.bondage zurück, bei denen sich der Begriff erstmals 1991 nachweisen lässt (vgl. Datenschlag. Der Papiertiger: alt.sex.bondage. http://www.datenschlag.org/papiertiger/lexikon/altsexbondage.html [13.07.2015]).

59 Der verbreitete Fetischismus (im nicht-klinisch-pathologischen Sinne) lässt sich beispielsweise unter dem Begriff subsumieren, wird jedoch durch keinen der Buchstaben in der Abkürzung BDSM abgebildet.

60 Der Kreativität sind beim Auffinden von jeweils geeigneten Hilfsmitteln keine Grenzen gesetzt. Die hier erwähnten Beispiele dienen nur dem besseren Verständnis der Vielfältigkeit.

61 Japanische Fesselkunst, die ihren Ursprung in einer polizeilichen/militärischen Kampfkunst hat.

D und *S* sind zugleich doppelt belegte Buchstaben und stehen für *D*ominanz und *S*ubmission, beschreiben also das Hierarchieverhältnis zwischen den Beteiligten. Es besteht also ein Machtverhältnis zwischen dominantem Part (»Dom«, »Top« oder auch »aktiv«) und submissivem Part (»Sub«, »Bottom« oder »passiv«) während der Interaktion, bei der nicht der Schmerz im Mittelpunkt steht, sondern das Unterordnen/Befolgen und Beherrschen/Führen.

Und zuletzt die beiden Buchstaben *S* und *M*, die für *S*adismus und *M*asochismus stehen. Das Zufügen und Erhalten von Schmerzen findet hierbei im gegenseitigen Einvernehmen statt.

Die Ausübung aller erwünschten BDSM-Praktiken unterliegen individuell und subkulturell vereinbarten Verhaltenskodizes und -regeln. Durch diese Grundlage unterscheidet sich das Handeln von BDSMler_innen sowohl von strafrechtlich relevanten Taten wie sexueller Nötigung, Vergewaltigung, sexuellem Missbrauch widerstandsunfähiger Personen, exhibitionistischen Handlungen, Beleidigungen, Straftaten gegen die körperliche Unversehrtheit, Körperverletzungen, Freiheitsberaubung oder Nötigung (§177–§240 StGB) als auch von psychiatrisch relevanten Diagnosen wie der Sexualpräferenzstörung[62] bzw. dem forensisch relevanten schwerem Sadismus.[63]

3.5 Literatur zum Thema Petplay

In der BDSM-Literatur findet Petplay in verschiedensten Kontexten Erwähnung, zum Beispiel unter dem Begriff »Rollenspiel« oder »Erniedrigung«. Auch einige der Interviewten ge-

---

62 Störungen der Sexualpräferenz nach ICD-10 (Internationale statistische Klassifikation der Krankheiten und verwandter Gesundheitsprobleme) (vgl. http://www.icd-code.de/icd/code/F65.-.html [01.05.2019]).

63 Schwerer Sadismus nach DSM-5 (Diagnostic and Statistical Manual of Mental Disorders).

ben an, dass sie über BDSM erstmals in Kontakt mit Petplay kamen, auch wenn sie Petplay zum Teil als eigenständige Spielart wahrnehmen (je nach individueller Spielweise) und beides nicht zwangsläufig »in einen Topf« werfen (vgl. Kap. 5). Daraus ergeben sich folgende Fragen: Inwiefern finden sich Strukturen des Petplays in der BDSM-Subkultur und deren Regelwerken wieder? Wo sind weitere Ausdifferenzierungen notwendig? Antworten hierauf geben Rebecca Wilcox in ihrem Buch *Human Pony Play. A Handbook for Owners, Trainers and Admires* (2008) und Michael Daniels in seinem Buch *WOOF! Perspectives into the Erotic Care & Training of the Human Dog* (2005).[64]

Pony-Play und BDSM-Subkultur

> »Warum werden Menschen zu Ponys? Die Motivationen sind Objektifizierung, Exhibitionismus, Kontrolle, Keuschhaltung, Sexualität, Spielzeit, emotionale Entspannung, Flucht, gesteigerte Fantasie, Zusammengehörigkeitsgefühl, Beziehung, Gebraucht-Werden, Leistung, Stärke, Schönheit und Selbstinszenierung« (Wilcox, 2008, S. 3; Übers. d. A.).[65]

Wilcox unterscheidet in ihrem Buch zwischen Rollenspiel-Ponys, SM-Ponys, Fetisch-Ponys und Furry-Ponys:

> »SM-Ponys decken alle Aspekte von BDSM ab: die Fesselung mittels Zaumzeug, Disziplinierung mittels Trainings, Dominanz und

64 Trotz wiederholter Rückfragen bei mehreren Petplayer_innen wurden mir nur diese beiden Bücher empfohlen, was noch einmal den Mangel an einschlägiger Literatur auf dem deutschsprachigen Markt zu dem Thema unterstreicht.

65 »Why do people become ponies? Motivations include objectivication, exhibitionism, control, denial, sex, play time, emotional vacation, escape, increased imagination, community, relationship, usefulness, service, strenght, beauty, and self-expression« (Wilcox, 2008, S. 3).

Submission auf der Beziehungsebene von Reiter_in/Trainer_in und Pony und eine sadomasochistische Interaktion. Vieles davon gehört zu den Grundlagen von SM, mit der Würze einer schmeichelhaften Ponyausrüstung oder einer heißen Symbolik« (ebd.; Übers. d. A.).[66]

»Für SM-Ponys stehen beim Rollenspiel die symbolische Bedeutungsebene und sinnliche Wahrnehmung im Vordergrund« (ebd., S. 5; Übers. d. A.).[67]

Unter den Fetisch-Ponys ist die Vorliebe für Latexkleidung[68] verbreitet. Viele Rollenspiel-Ponys lieben es dagegen, sich zu zeigen und zu präsentieren (vgl. ebd., S. 3). Manche »Show-Ponys« zum Beispiel mögen Glitzer und tragen gerne einen Puschel auf dem Kopf. Sie möchten üblicherweise nicht geschlagen werden und keine sexuellen Handlungen (vgl. ebd., S. 4).[69] Im Spiel treten sie in den verschiedensten Rollen und Kontexten auf: in Shows, im Zirkus, in der Freizeit, als Zugtier und Kutschenpony, als Arbeitspony, als Western- oder Kriegspony (ebd., S. 4).[70] Wilcox weist darauf hin, dass sich die Player_innen nicht mit einem Tier identifizieren wollen, sie sehen sich vielmehr selbst als Tier. In ihrer ausgelebten Persönlichkeit als Pony spiegeln sich auch immer Teile ihrer eigenen (menschlichen) Persönlichkeit

---

66 »SM Ponys generally express all areas of BDSM: the bondage of the tack, the discipline of the training, the dominance and submission of the handler/trainer-pony relationship and the sadomasochism of the interaction. This is in many ways basic SM, with the added spice of the flattering pony gear or the hot symbolism« (vgl. ebd.).

67 »SM Ponys do pony play for the symbolism and the sensation« (ebd., S. 5).

68 Das Thematisieren von der Wichtigkeit des ausgewählten bzw. benutzten Materials prägt auch die Aussagen der durchgeführten Interviews wiederholt (vgl. Kapitel fünf »Petplay als BDSM-Variation«).

69 »They don't usually want to be beaten or want to have sex with humans« (vgl. ebd., S. 4).

70 »[S]how-Ponys, draft-Ponys, cart Ponys, work Ponys, circus Ponys, western Ponys, war Ponys, companion Ponys« (ebd.).

wider (vgl. ebd., S. 4)[71], manchmal verwischen im Pony-Rollenspiel auch die Grenzen zu echten Ponys, mit denen sie sich dann identifizieren (ebd.).[72]

Dog-Play und BDSM-Subkultur

Mit dem Thema Identifikation beschäftigt sich auch Michael Daniels in seinem Buch *WOOF! Perspectives into the Erotic Care and Training of the Human Dog*. Aus der Perspektive der schwulen BDSM-Community der Vereinigten Staaten (Ohio) beschreibt er das »human dog play«: Ein menschlicher Hund oder Welpe ist eine Person, die für eine begrenzte Zeit in eine hundeähnliche Rolle schlüpft (vgl. Daniels, 2005, S. 15)[73].

Viele Tier-Rollenspieler_innen und Halter_innen/Besitzer_innen vermischen Hundetraining, Sex, Leder und BDSM zu einer gesamten Petplay-Erfahrung und wie bei allen sexuellen BDSM- und Lederpraktiken ist das Besondere die Erfahrung bzw. das Gefühl tiefer Verbundenheit zwischen den Beteiligten (vgl. ebd., S. 5)[74]. Die Grundregeln, die (auch) in der BDSM-Subkultur existieren, sind laut Daniels: Miteinander reden und aushandeln, welche Regeln, Grenzen und Safewords[75] es gibt und was erwünscht ist (vgl. ebd., S. 5ff.).

Interessant ist, dass nach Daniels das Hundetraining nicht unbedingt sexuelle Handlungen beinhalten müsse. »Ich verhalte

---

71 »Pony-players take on being a pony in a way meaningful to them by expressing parts of their personality« (ebd.).

72 »[P]ony role-play frequently crosses over into self-identification with biological equines« (ebd.).

73 »By our definitions, a human dog or pup is a human who assumes a canine-like role for a period of time« (Daniels, 2005, S. 15).

74 »[L]ike all BDSM and leather sex activities, it is a deep bonding experience between the participants« (ebd., S. 5).

75 Ein »Safeword« ist ein zwischen den Beteiligten im Vorfeld abgesprochenes Wort (oder auch mehrere Wörter), durch das sich die Interaktion beeinflus-

mich im Training gegenüber einem menschlichen Welpen genauso wie gegenüber einem echten Welpen. Wie viele von euch haben Sex mit einem echten Hund?« (ebd., S. 15f.)[76]. Sexuelle Kontakte zwischen Menschen und Tieren werden deutlich abgelehnt (vgl. ebd., S. 17).

Für ein angenehmes, entspannendes und das Selbstwertgefühl stärkendes Miteinander ist nicht so sehr die Erniedrigung, die für einige eine zentrale Rolle spielen kann, von Bedeutung (vgl. ebd., S. 16)[77], denn für viele geht es mehr um das Zusammenspiel von Dominanz und Kameradschaft – es geht um das Gefühl, das entsteht, wenn man nach Hause kommt und schon am Gartenzaun von seinem Hund begrüßt wird, der aufgeregt mit der Rute wackelt, oder wenn der Hund seinen Kopf auf den Schoß legt, über den man hin und wieder beim Fernsehen streichelt. Dieser Hund ist Besitz und Freund zugleich (ebd., S. 17). Für den Hund geht es dagegen um Geborgenheit, Schutz und einen entspannten geistigen Zustand, die er empfindet, wenn er zu Füßen eines fürsorglichen, liebevollen, kontrollierenden Frauchens/Herrchens liegt (vgl. ebd., S. 17)[78].

In der Leather-Community gibt es auch Urinspiele, die sich als Beispiel für das Spiel mit der Grenze von menschlicher Scham und tierischer Natürlichkeit anführen lassen (ebd., S. 24):

> »[A]nimalisches Rollenspiel ist zutiefst spirituell [...,] es erlaubt Rollenspieler_innen einen Einblick in die tierische Seele; den Kern,

---

sen lässt. Mithilfe des Safewords kann die Handlung ganz abgebrochen werden; eine andere Möglichkeit ist die Nutzung eines »Ampel«-Systems (rot, gelb, grün), durch das die Beteiligten rückmelden können, wie es ihnen gerade geht (grün = Alles okay!; gelb = Vorsicht! – weniger, langsamer; rot = Stopp, Abbruch).

76 »I always approach training a pup as I would a real animal; how many of you fuck dogs?« (ebd., S. 15f.)

77 »[E]njoyable, relaxing and empowering experience« (ebd., S. 16).

78 »state of being in a comfortable, protected headspace at the foot of a caring, controlling Master« (ebd., S. 17).

der in allen Menschen existiert, aber jahrhundertelang unterdrückt wurde […]. Da sich auch die Gesellschaftsstrukturen im Laufe der Jahrhunderte verändert haben und der animalische Anteil der menschlichen Seele zunehmend verdrängt wurde, ist das animalische Rollenspiel ein Weg, dieses ursprüngliche Gefühl und Bedürfnis wiederzubeleben« (vgl. ebd., S. 25).[79]

Daniels differenziert zwischen verschiedenen Hunderollen: zum Beispiel Hund, Welpe, Alpha-Hund (Anführer), Hunde- oder Welpenjunge, Hunde- oder Welpensklave, Lederhund oder -welpe, Gummihund oder -welpe.[80] Auch der Kontext, in dem gespielt wird, ist vielfältig, so gibt es Haustiere (»house pet«), Tiere im Rudel (»pack«), Zuchttiere (»breeding«), Tiere beim Veterinär (»vet«) oder in Hundeshows (»dog show«) (vgl. ebd., S. 111ff.).

79 »[A]nimal role playing is deeply spiritual […] allow players to tap the animal soul, the core that exists with every human but which has, for centuries, been repressed […] as societies have also changed over the centuries, the animal aspect oft the human soul has been repressed, and human animal play is a way to re-awaken this primal feeling and need« (ebd., S. 25).

80 »dog, pup, alpha, dogboy/pupboy, dogslave/pupslave, leatherdog/leatherpup, rubber dog/rubber pup« (vgl. ebd., S. 111ff.).

4 Expert_inneninterviews

Petplay wurde bisher nur selten Gegenstand der Forschung, aber auch nicht-wissenschaftliche Veröffentlichungen sind rar. Als (Sub-)Phänomen innerhalb der BDSM-Subkultur lässt sich Petplay am angemessensten mithilfe qualitativer Methoden untersuchen. Beim Führen der Expert_inneninterviews habe ich mich an den Methodenhinweisen von Jochen Gläser und Grit Laudel (vgl. Gläser & Laudel, 2010) orientiert und für die Auswertung die Methode nach Michael Meuser und Ulrike Nagel (vgl. Meuser & Nagel, 1991, S. 442ff.) gewählt.

Zwar entsprechen die ausgewählten Interviewpartner_innen nicht der landläufigen Definition von »Expert_in«, können aber als solche verstanden werden, da sie »selbst Teil des Handlungsfeldes sind, das den Forschungsgegenstand ausmacht« (ebd., S. 443).

Zum Zweck der intersubjektiven Reproduzierbarkeit beschreibe ich im Folgenden, wie die Daten erhoben, verarbeitet und analysiert wurden.

4.1 Erhebung der Daten

Das Sample

Den Kontakt zu den Expert_innen stellte ich am Petplay-Stammtisch in Berlin her, an dem ich mehrmals teilnahm. Nachdem ich eine Vertrauensbasis aufbauen konnte, sprach ich offen über mein Forschungsvorhaben. Auf meine Anfrage hin, wer an dem Interview teilnehmen möchte, erklärten sich mehrere Personen bereit. Die mündliche Einladung sprach ich persönlich während des Stammtischtreffens aus, eine schriftliche Einladung mit Details zu Forschungsthema und Kontext (Hochschule Merseburg) folgte kurz darauf. Daraufhin konnte ich die geplanten vier[81] Interviews durchführen, für die ich mich aufgrund des Konzepts der Triangulation entschieden habe (vgl. ebd., S. 117).

Die Interviewpartner_innen sprach ich teils gezielt aufgrund ihrer präferierten Rollen an, um eine möglichst große Diversität der »Petplay-Szene« darzustellen (vgl. ebd., S. 98). Die Auswahl entsprach jedoch keiner repräsentativen Verteilung von Rollen, Alter, Geschlecht oder anderen Merkmalen der Teilnehmer_innen vor Ort oder der gesamten Subkultur[82]. Die vierte Expert_in wählte ich bewusst später aus als empirisches Gegenbeispiel, nachdem bereits erste Ergebnisse vorlagen (vgl. ebd., S. 99) zu Eigenschaften, Geschlecht (»weiblich«), Rolle (»Ownerin«) und Sexualität beim Petplay (»sexuell konnotiertem Petplay«). Leider fehlt eine aktuell auf Cat-Play fokussierte Person im Sample. In der Auswertung wurden aber die von den Expert_innen erwähnten Informationen zu Cat-Play sinnhaft integriert.

Alle Befragten lebten zur Zeit der Befragung im Großraum Berlin und waren zwischen 30 und 36 Jahren alt. Drei von ihnen definierten sich männlich und eine weiblich, drei Personen bezeichneten ihr aktuelles Sexualverhalten/ihre sexuelle Orientierung als bisexuell, einer als pansexuell.

Im Verlauf der Interviews stellten sich weitere diverse und gemeinsame Aspekte heraus, die aufgrund besserer Übersichtlichkeit in Tabelle 1 dargestellt sind.

---

81 Interview A war zunächst als Probeinterview intendiert (vgl. Gläser & Laudel 2010, S. 106f.), was sich allerdings änderte, da es sich aufgrund der vielseitigen und wertvollen Informationen für die Auswertung als interessant erwies. Es weicht daher in seinem Ablauf und wegen einiger sprachlicher Eigenarten stellenweise von den Interviews B bis D ab.

82 Aufgrund fehlender (relevanter, valider) Erhebungen zum Thema.

Interview-partner_in	geschlechtliche Identität[83]	Sexuelle Orientierung[84]	Rolle(n) im Petplay	Petplay und Sexualität[85]
A	FtM	pansexuell	Owner (Pferdchen, Hundchen)	asexuell
B	Cis-männlich	bisexuell	Dog-Player	asexuell
C	Cis-männlich	bisexuell	Pony-Player (Pferd)	asexuell
D	Cis-weiblich	bisexuell	primär Ownerin (Ponys); ehem. Wildkatze und Wölfin; aktuell auch Pony-Playerin	sexuell

Tabelle 1: Kurzbeschreibung der Befragten

Datenschutz/Anonymisierung/ethische Fragen

Alle Teilnehmer_innen nahmen freiwillig an der Befragung teil und wurden im Vorfeld über das Forschungsvorhaben informiert. Inhalt und Ablauf der Interviews sowie die Verwendung persönlicher Daten wurden vorab bei den individuellen Terminen detailliert erklärt.

---

83 FtM = Female to Male (Transidentität); Cis = Personen fühlen sich ihrem bei Geburt zugeordneten Geschlecht zugehörig (vgl. Sigusch, 2005, S. 108).

84 Die sexuellen Orientierungen entsprechen den selbstgewählten Begriffen der Interviewten. Verbreitet sind in englischsprachigen Internetforen zunehmend auch Begriffe wie heteroflexibel/bicurious, bisexual/pansexual, homoflexibel, strictly heterosexual, strictly lesbian/gay, asexual und oftmals die zusätzliche Angabe wie »none of the above«. In Themenfeldern wie diesen ist die Berücksichtigung selbstgewählter Begriffe, um die Vielfältigkeit und das Verständnis der eigenen sexuellen Orientierung und/oder geschlechtlichen Identität abzubilden, sehr wichtig.

85 Diese Angaben basieren auf meiner Beurteilung der in den jeweiligen Interviews gemachten Aussagen. Hier sind die primären Tendenzen der geäußerten Haltung/des eigenen Auslebens ohne eventuelle »Ausnahmen« o.Ä. berücksichtigt. Abgebildet ist hier der Ist-Zustand, der von der jeweiligen Realität und von zukünftigen Entwicklungen der Personen abweichen kann.

Setting der Befragung

Den Befragten wurde freigestellt, wann (Wochentag, Tageszeit) und wo das Interview durchgeführt werden sollte. Meinerseits bestand die Bitte nach einer relativ ungestörten Atmosphäre und die Einplanung eines Zeitfensters von 1,5 Stunden.

Die Interviews A, C und D fanden in den jeweiligen Privatwohnungen der Expert_innen statt. Das Interview B wurde draußen (auf einer Parkbank) durchgeführt[86]. Bei den drei Interviewsituationen in den Privatwohnungen ergaben sich jeweils kurze Störungen durch weitere Personen, die in den Wohnungen lebten.

Ein zuvor erstellter Leitfaden diente den Befragten als Orientierung für das Interview, um die Fokussierung möglicher Gesprächsthemen und die Nähe zur Forschungsfrage zu wahren. Die Fragen waren in einer bewusst aufeinander aufbauenden Reihenfolge strukturiert, aber nur die erste Frage (»Anwärmfrage«) und die letzte Frage (»schwierige Frage«) verblieben im Gesprächsverlauf an der entsprechenden Stelle.[87] Da die Sequenzialität der Aussagen in der Auswertung nach Meuser und Nagel von unterge-

86 Der erhebliche Wind während des Interviews erschwerte die Transkription erheblich, daher bat ich bei den folgenden Interviews darum, dass diese innerhalb eines Gebäudes stattfanden.

87 Die Fragen müssen bezüglich ihrer Reihenfolge inhaltlich zusammenpassen und aufeinander aufbauen und dienen ebenso als Gedächtnisstütze. Das ist relevant, um sowohl einige Detailfragen stellen zu können als auch zusammenhängende Erzählungen zu erhalten. In allen Interviews sind retrospektive Rationalisierungen erkennbar; viele offensichtliche Antworten wurden von den Befragten nicht gleich gegeben, so versuchte ich, durch Suggestiv-, Ja/Nein-Fragen oder einem Angebot an Antwortmöglichkeiten eine Antwort zu provozieren (vgl. Gläser & Laudel, 2010, S. 146f., S. 177f.). Eben jene Fragen dienen dazu, die Befragten auch bei peinlichen und unangenehmen Gesprächsthemen zu einer Antwort zu bewegen: »Mit unterstellenden Fragen kann man auch Peinlichkeiten umgehen und Antworten natürlicher und angenehmer machen« (ebd., 2010, S. 133). Zu diesem Zweck bot ich auch einladende, anonymisierte Vergleiche an wie »In einem anderen Interview wurde mir gesagt …« (vgl. ebd., S. 177).

ordneter Relevanz ist (vgl. Meuser & Nagel, 1991, S. 458), stand das Ermöglichen einer angenehmen, natürlichen Gesprächsatmosphäre im Fokus, wodurch ein angeregter Austausch zum Thema erleichtert wurde (vgl. Gläser & Laudel, 2010, S. 161).

Eine leitfadengestützte Interviewführung ermöglicht außerdem eine Vergleichbarkeit der Interviews (vgl. Meuser & Nagel, 1991, S. 453). Der Leitfaden umfasste die Themenbereiche:

- Einstieg ins Petplay
- Vernetzung (offline/online)
- Ausleben der Neigung (wo und wie)
- Beschreibung der eigenen Rolle
- Outing
- Gemeinsamkeiten und Abgrenzung zur BDSM-Subkultur
- Gemeinsamkeit und Unterschied zu Furry
- sexuelle Handlungen und Petplay
- These zum Thema Zoophilie mit der Aufforderung zur Stellungnahme

Aufgezeichnet wurden die Interviews mit einem auffälligen, roten Diktiergerät, das zentral zwischen den Beteiligten lag, damit es von niemandem »vergessen« wurde. So konnten sich die Interviewten den Rahmen des Gesprächs trotz ggf. entspannter Atmosphäre stets vergegenwärtigen. Bei intimen Themen und einem angenehmen Gesprächsverlauf passiert es sonst leicht, dass Menschen mehr von sich preisgeben, als sie eigentlich beabsichtigen. Im Nachhinein könnten die Befragten dann das Gefühl haben, sie hätten »zu viel« erzählt und ihre eigenen Grenzen nicht gewahrt. Es bestünde dann die Gefahr, dass die Gesprächspartner_innen das ganze Interview bereuen und ihre Einwilligung zurückziehen.

Das Auswertungsverfahren

Das Auswertungsverfahren gliederte sich in verschiedene Arbeitsschritte: Zunächst erfolgte die vollständige Transkription aller Interviews – entgegen dem von Meuser und Nagel vorgeschlagenen Verfahren, selektiv ausschließlich die für das Forschungsinteresse relevanten Passagen zu verschriftlichen, wurden die gesamten Interviews transkribiert (vgl. Meuser & Nagel, 1991, S. 455). Der individuelle Sprachstil (Betonungen oder Abbrüche im Satz) blieb dabei erhalten, um so einer Verfälschung der Aussagen entgegenzuwirken. Beim Paraphrasieren wurde textgetreu und zumeist in eigenen Worten chronologisch vorgegangen (vgl. ebd., S. 456), um keine noch so unauffällige Information in den Texten zu verlieren. Die Extraktion und der thematische Vergleich dient dem Kenntnisgewinn bezüglich Mehrfachnennungen und deckungsgleichen oder widersprüchlichen Aussagen. Diese Interviewpassagen wurden tabellarisch aufbereitet und anhand der Zeilenangaben überprüft. Sich deckende und gemeinsame Angaben ebenso wie unterschiedliche Positionen werden im folgenden fünften Kapitel zusammengefasst.

4.2 Grenzen der Methode

»Interpretativen Verfahren wird eine besondere Beweislast aufgebürdet« (Meuser & Nagel, 1991, S. 453), da sie sich immer wieder dem Vorwurf stellen müssen, es gebe Probleme hinsichtlich ihrer Nachweisbarkeit (vgl. ebd.). Leitfadengestützte Interviews und eine leitfadennahe Gesprächsführung ermöglichen dagegen eine Vergleichbarkeit der erhobenen Daten. Diese wäre bei einer anderen Methodenwahl erschwert (z.B. biografisches Interview). Auch die erhaltene Textnähe, ohne der Sequenzialität verhaftet zu bleiben, gewährleistet die Gültigkeit. Da die Bedeutung der einzelnen Aussagen in ihrem Funktionskontext begründet liegt, spielt es keine Rolle, wann sie im Gesprächsverlauf geäußert wurden (vgl. ebd.).

Ein anderer verbreiteter Kritikpunkt an der qualitativen Forschung basiert auf der mangelnden Repräsentanz bei der Erforschung kleiner Sample, die, so der Vorwurf, keine Generalisierung ermöglichten, was die Reichweite somit begrenze. Vielleicht motiviert aber in diesem speziellen Fall vor allem die Detailstärke und Genauigkeit der Darstellung von Petplay zu weiterführenden Erforschungen, die neues Wissen zutage fördern, und leistet so einen Beitrag für den »gemeinsamen Wissenskorpus« (vgl. Gläser & Laudel, 2010, S. 30).

Das gewählte Sample stellt nur einen Ausschnitt der existierenden Realitäten dar. Es fehlen beispielsweise die Sichtweisen von derzeit aktiv Cat-Play betreibenden Personen oder zusätzliche Dog-Play-Stimmen verschiedener sexueller Orientierungen und geschlechtlicher Identitäten. Auch wäre ein überregionaler Vergleich wertvoll, ebenso wie eine gezielte Differenzierung wie zum Beispiel eine größere Altersvarianz[88]. Weitere Differenzierungsoptionen stellten sich erst während der Durchführung heraus. Für eine fortführende, vertiefende Forschung sollte sich um weitere Diversifizierung des Samples bemüht werden.

88 In der psychologischen Forschungslandschaft wird die Wiederholung sich ähnelnder Gruppen von Proband_innen kritisch reflektiert, da diese zumeist als WEIRD (Western, Educated, Industrialized, Rich and Democratic) zu kategorisieren sind und somit die mögliche Anwendbarkeit von Forschungsergebnissen auf gesellschaftliche Phänomene infrage stellen können.

5 Ergebnisse der Expert_innenbefragung

Die Aussagen der befragten Expert_innen wurden wie folgt strukturiert:

- Petplay-Subkultur (Einstieg, Kontakt und Vernetzung)
- Petplay ausleben (Equipment, Verhalten, Rollenvielfalt, Bedeutung der eigenen Rolle[n])
- Furry-Abgrenzungsversuche
- Petplay als (Rollen-)Spiel (Unterscheidung zwischen Außendarstellung und emotional-psychischer Selbstwahrnehmung)
- Petplay als BDSM-Variation
- Beziehungsformen und Interaktionsmöglichkeiten
- (A-)Sexualität
- sexuelle Orientierungen, geschlechtliche Identitäten, Rollenklischees
- Outing
- mediale Außenwahrnehmung und -darstellung
- Zoophilie

5.1 Petplay-Subkultur – Fantasien werden Wirklichkeit

A, B und D berichten von ihrem Einstieg ins Petplay über die BDSM-Subkultur, zu der sie sich zugehörig fühlen, bzw. das Ausleben solcher Neigungen (vgl. A/1/5f.; B/1/3ff.; D/14/493). So kommen sie – teils zufällig – mit dem Thema in Berührung. Ihr gewecktes Interesse führt dazu, dass sie langsam beginnen, ihre Neigung auszuleben.

A beobachtet ein Pferd und seine Ownerin auf einer BDSM-Veranstaltung miteinander:

> »Der stand da in der großen Halle in seinem ganzen Outfit und ich war erst mal beeindruckt: ›Wow, krass, ja chic!‹, ohne da bereits wirklich zu kapieren, dass es mich eigentlich selbst interessiert. [...] Und da hab ich mich einfach quasi in [Person 2] [...] ›verknallt‹, weil es einfach so chic anzusehen war« (A/1/13–20).[89]

Er nimmt Kontakt zu ihnen auf, da er feststellt, dass ihre Handlungen große Faszination und Bewunderung auf ihn ausüben. Er geht zum Berliner Petplay-Stammtisch (vgl. A/1/8), sucht aber keinen näheren, intensiveren Kontakt zur Subkultur (vgl. A/8/291).

B und C kommen über Internetplattformen und Chats in Austausch mit anderen. Sie bauen sich ein soziales Netzwerk auf, indem sie Veranstaltungen besuchen und versuchen, Gleichgesinnte besser kennenzulernen bzw. Freundschaften zu schließen (vgl. B/1/7ff.; C/1/9ff.). A und D entdecken ihr Interesse, als sie mit Petplay und selbst ausgelebtem Petplay konfrontiert werden (A/1/5ff.; D/1/4ff.; D/14/492ff.).

C hat keinerlei Vorerfahrungen, aber schon einige Fantasien, als er direkt Kontakt zu Menschen sucht, die Petplay praktizieren (vgl. C/1/4ff.; C/2/93f.). Nachdem er einige Zeit mit anderen gechattet hat, nimmt er wenige Monate später an einer mehrtägigen Veranstaltung teil und findet so seinen Platz in der Subkultur (vgl. C/1/39ff.).

---

89 Zum besseren Verständnis und zur besseren Lesbarkeit wurden die wörtlichen Interviewaussagen bezüglich Wiederholungen, Pausen und unvollständige Sätze etwas geglättet. Bei jedem Eingriff wurde akribisch darauf geachtet, dass der Inhalt erhalten blieb.

5.2 Subkulturelle Vernetzung – Austausch von Informationen

Die Kommunikationsstrukturen der deutschsprachigen Petplay-Subkultur sind vielfältig. Der Informationsaustausch ist möglich, indem Interessierte miteinander in Kontakt treten und diesen dann auch pflegen. Nach Aussage von B, C und D stammen die Petplayer_innen aus ganz Deutschland[90]. Sie nutzen jedoch persönliche Treffen wie Stammtische oder gemeinsame, überregionale Wochenendveranstaltungen bis hin zu gemeinsamen ein- oder mehrwöchigen Urlauben (vgl. D/18/629ff.), um ihre Neigungen miteinander auszuleben (vgl. A/4/125ff; B/6/228ff.). Auch andere regelmäßige Petplay-Veranstaltungen werden organisiert:

> »Dafür gibt es dort oben [Hamburg] dann auch regelmäßig eine andere Veranstaltung. Das ist so eine Art Spielenachmittag in einer BDSM-Location, wo dann die Möglichkeit besteht, Petplay zu machen und auszuprobieren. Und der ist wiederum gut besucht« (C/14/622ff.).

Online werden verschiedene Kommunikationsmöglichkeiten angeboten wie Petplay-Foren und -Chats, die sich auf das Thema spezialisiert haben, sowie sogenannte Untergruppen in größeren deutschsprachigen und internationalen BDSM-Online-Communities (vgl. B/5/178; C/14/593ff.).

Die Befragten nannten folgende Foren/Portale:

- www.pets-de.org (Petplay-Forum)
- https://fetlife.com und https://www.sklavenzentrale.com (BDSM-Foren mit Petplay-Untergruppen)

---

90 In den Interviews mit B, C und D werden v.a. Ballungsgebiete wie Berlin, Hamburg und Ruhrgebiet als Orte mit einem hohen Aufkommen von Petplayer_innen benannt (vgl. B/9/327ff.; C/14/601ff.; D/17/622ff.), die Angebote und organisierten Veranstaltungen nehmen jedoch ab, je südlicher man in Deutschland kommt.

- ➢ http://petplay.joyclub.de/forum (»Community für stilvolle Erotik« mit Petplay in einer Untergruppe)
- ➢ www.planetromeo.com (Chat- und Kontaktportal für MSM[91]/transidente Männer* mit Petplay/Dog-Play in Untergruppen)

5.3 Die Subkultur – Eine statistisch relevante Menge?

Die Expert_innen sind sich einig, dass es schier unmöglich sei abzuschätzen, wie viele Menschen (in Deutschland) Petplay betreiben, da es vermutlich eine hohe Dunkelziffer an Petplayer_innen gibt, die ähnlichen Praktiken »zu Hause für sich« nachgehen, ohne sich damit an die Öffentlichkeit zu wenden bzw. Anschluss an die existierende Subkultur zu suchen. Auch die zahlreichen Variationsmöglichkeiten, die sich alle unter dem Begriff Petplay subsumieren lassen, bzw. das Fehlen einer (subkulturell) einheitlichen Definition würden eine Datenerhebung erschweren: Wer zählt sich ab wann zu den Petplayer_innen und was gehört schon oder doch noch nicht zum Petplay, reicht es entsprechende Fantasien zu haben oder müssen sie aktiv umgesetzt werden? (vgl. A/12/404ff.; C/15/639ff.; D/13/478f.).

> »Letztlich kann man keine scharfe Linie ziehen. Irgendwie im Sinne von ›Wenn Sie mehr als fünf von diesen Fragen mit Ja beantworten, ist es Petplay, und wenn nicht, ist es BDSM oder Furry oder so.‹ – das gibt es nicht. Die Grenze verläuft massiv unscharf« (B/16/604ff.).

Die Interviewpartner_innen geben an, ihnen seien (persönlich) 40 bis »mindestens 100 Personen« (A: 40 Petplayer_innen; C: 100 Pony-Player_innen; D: 100 Petplayer_innen) bekannt,

---

91 MSM = Männer, die Sex mit Männern haben.

die Petplay nachgingen (vgl. A/11/364; C/15/637; D/25/897), wohingegen B direkt im Anschluss an die Tonaufnahme im Nachgespräch schätzt, es gebe mindestens 10.000, aber weniger als 100.000 Personen bundesweit. Bei dieser Zahl berücksichtigt B auch die Dog-Play-Szene der schwulen Community (vgl. B/19/710ff.).

5.4 Petplay ausleben – Wie und womit?

Allen Aussagen gemein ist die Beschreibung einer möglichst realistischen Annäherung an das »echte« Tier – sowohl durch optische Verstärkungen wie Masken oder eine Art Fell (z. B. Lycra-Anzüge) als auch unter Zuhilfenahme von Accessoires wie Zaumzeug (Gebiss und Zügel), Halsband und Leine oder Oberkörperharnisch (Geschirr), aber auch durch ein »passendes« Outfit der zugehörigen Reiter_innen mit Stiefel, Kappe und Gerte. Unterschieden wird in den Aussagen zwischen der Interaktion mit Pferden oder mit Hunden sowie zwischen Selbstwahrnehmung und Außenwirkung.

Euipment – Individualismus

In die Kostümgestaltung, so betonen die Interviewten, fließt die individuelle Persönlichkeit (der Person oder der Tierrolle) mit ein und es wird großen Wert auf die Einzigartigkeit des Outfits gelegt (vgl. A/2/49; B/4/132ff.; C/8/348f.; D/1/28; D/12/441).

Feinheiten in der individuellen Ausgestaltung wie Analplugs, Knebel, Fesseln oder Ähnliches werden am Rande erwähnt. Sie sind für die weitere Auswertung nur insofern relevant, um die Vielfalt exemplarisch darzustellen (vgl. D/6/222ff.; D/10/347ff.; D/10/360ff.). Auch die Materialwahl der Bekleidung und des Zubehörs variiert je nach persönlicher Vorliebe (vgl. Kap. 5.3 »Equipment im Pony-Play« und »Equipment im Dog-Play«).

Equipment im Pony-Play

Pferde bzw. Ponys tragen, laut den Expert_innen, meist einen Anzug aus Lycra oder Latex und sind während ihres Spiels eher selten nackt (A/1/29; B/12/445f.; C/8/368ff.). Die Anzüge sollen das fehlende »Fell« imitieren bzw. die menschliche Haut bedecken (vgl. C/8/371).

Außerdem tragen sie (teils aufwendig gestaltete) Pferdemasken, zum Beispiel aus Leder (vgl. B/12/451ff.): »Aber die Maske habe ich schon vor gut über einem halben Jahr bestellt. So gesagt: ›Wenn du denn mal Zeit hast, ich bin soweit. Sag, wenn du dann jetzt loslegen willst‹. Vermessen hat er mich auch schon« (D/1/32–35). Oder sie tragen an Händen und Füßen Handschuhe bzw. Stiefel, die wie Hufe aussehen (vgl. C/8/363f.), und Wadenwickel (vgl. A/2/48).

Auch eine Art Geschirr für den Oberkörper (Harnisch) ist ein weit verbreitetes Equipment (A/2/48; B/10/372; C/8/361f.), das ein wichtiger und vielseitiger Bestandteil der äußerlichen Gestaltung ist:

> »Und ein Geschirr will ich auch haben. Das ist ganz schön. Ja, ich freu mich schon. [...] Die Ponys haben noch ein Geschirr an, dann werden sie irgendwie festgemacht. Das Festgebundenwerden ist immer ganz toll. [...] Eher so, dass er [der Pony-Player] an der Halterung für die Geschirre mit befestigt wird. [...] Die Geschirre sind individuell« (D/1/35f.; D/7/238f.; D/10/364; D/12/435).

Außerdem werden noch Gebiss und Trense (Zügel) benutzt, die aus verschiedenen Materialien (z. B. Metall, Weichplastik, Gummi) angefertigt und teils sehr individuell befestigt werden (z. B. im Mund oder an den Schultern):

> »Ich glaube, das Grundlegendste, was man beim Pony-Play braucht, ist ein Gebiss, also die Stange, die durch den Pferdemund geht, womit man das Pferd steuert, plus Zügel, um Signale durchzuge-

ben. Ich hab verschiedene Leute gesehen, die aus Angst um ihre Zähne – verständlicherweise – zum Beispiel keine Metallstangen verwenden, sondern Weichplastik oder Gummi. Erfüllt einen ähnlichen Zweck. [...] Ich befestige die Zügel zum Beispiel an meinen Schultern und lass mich dann quasi über meine Schultern lenken« (C/8/348–353; C/8/356f.).

Dem Zaumzeug misst C eine besondere Rolle beim Petplay zu. Es gibt vor allem zwei Aspekte, die auf ihn eine individuelle Faszination ausüben:

> »Einmal das wirklich sehr, sehr feine Kommunizieren nur über die Zügel und über die Signale, die du dann über das Gebiss in deinem Mund bekommst, und auf der anderen Seite fand ich dieses Auspowern, dieses Kraftvolle sehr, sehr spannend« (C/8/337ff.).

Auch für D haben Zügel und Trense eine wichtige Bedeutung im Spiel:

> »Oder geht es nur ums Zaumzeug? Die einen wollen keins tragen, aber dafür die Maske, die anderen wollen unbedingt auch die Trense im Maul haben. Die nächsten sagen: ›Ne, es muss ein Knebel sein, damit ich auch nichts sagen kann.‹ Das ist wieder total unterschiedlich. Oder einen Ringknebel« (D/7/227–230).

Für die von D erlebte sexuelle Komponente beim Petplay stellen Zügel und Trense ebenfalls ein wichtiges Zubehör dar: »Das [die Erregung] kann schon beim Packen anfangen: Wenn ich die Zügel in der Hand habe und fest um meine Hand wickle oder wenn ich die Reitgerte in die Hand nehme« (D/10/331f.).

Außerdem betont D, dass sie selbst in der Rolle der Ownerin Wert auf ihr Aussehen lege:

> »Es gibt Attribute, die ich gern an mir sehen möchte. Also die, die ich erotisch finde. Das sind natürlich Dominanz, aber auch so eine

Unnahbarkeit. Für mich heißt das, immer perfekt angezogen zu sein. Ich hab tatsächlich auch hier – weil ich stark verkopft bin und so – ein bestimmtes Bild vor mir, und das möchte ich eigentlich auch erfüllen. Auch als Ownerin. Es ist nicht so, dass nur das Tier seine Sachen hat, sondern ich möchte auch als Ownerin hübsch sein. Nicht nur in Jeans und T-Shirt kommen, sondern ich möchte auch ein bestimmtes Outfit anhaben, um die Reiterin zu verkörpern. Und wenn es nur die Freizeitreiterin ist, aber wenigstens das. Das gehört für mich auch dazu. Und manchmal sieht es mehr nach Zirkus aus oder was auch immer. Da kommen verschiedene Sachen zustande. Ich habe mittlerweile eine kleine Zylindersammlung und Reithelme« (D/18/664–672).

Equipment im Dog-Play

»Andersrum gibt es auch Zooläden, die dann etwas exklusivere Halsbänder oder so haben, die auch schon mal zu den Leuten sagen: ›Na, nun probieren Sie es doch endlich an!‹« (B/14/521ff.).

B, der sich selbst mit der Hunde-Rolle identifiziert, erzählt, dass es einen Unterschied gebe zwischen dem, was er für sein eigenes Rollenempfinden nutzt, und dem, was er verwendet, um sich nach außen hin zu präsentieren (vgl. Kap. 5.6).

Seinen Beschreibungen nach tragen Hunde einen Ganzkörperanzug (Lycra- oder Latexanzug) und eine Maske, die Hände werden mithilfe von Pfotenschonern[92] oder pfotenähnlichen Handschuhen optisch entmenschlicht und in ihrer Funktion eingeschränkt, da sie nicht mehr als Hände benutzt werden können. Das führt auch zu einem anderen Gefühl und hilft dabei, sich in die Rolle des Hundes einzufinden (vgl. B/4/139ff.).

Außerdem spielen, so B, Halsband und ggf. Leine eine wichtige Rolle:

92 Die größten Größen aus dem Zoofachgeschäft passen über menschliche Hände (vgl. B/13/517ff.).

> »[W]as immer für mich dazugehört, ist ein Halsband, und da gehört es auch für den Einstieg in das Spiel eben dann für mich dazu, dass also ich dann auf allen Vieren vor meinem Herrchen, Frauchen wie auch immer bin und dann das Halsband umgelegt kriege. Was ich mir dann auch normalerweise nicht selber abnehmen würde, sondern dann – auch wenn ich es könnte – [...] zum Spielende mein Herrchen, Frauchen mir [...] wieder abnehmen sollte« (B/4/134–139).

Aufgrund der menschlichen Anatomie rät B zum Gebrauch von Knieschonern, die unter anderem beim Sportbedarf zu finden sind (vgl. B/13/511):

> »Und die Einschränkungen aufgrund der menschlichen Anatomie oder eben das Vorhandensein der solchen merkt man im Petplay dann eben doch. Zum Beispiel sich auf allen Vieren ohne Knieschoner zu bewegen, ist dann doch nicht unbedingt ratsam, gerade wenn man größere Strecken zurücklegen will, man ist halt auf allen Vieren doch nicht so schnell wie ein echtes Tier [...], und man weiß, dass man Knieschoner braucht, damit einem danach nicht die Knie wehtun« (B/3/94–98; B/3/103).

Nach individuellen Vorlieben können auch noch andere Gegenstände in das Spiel integriert werden wie zum Beispiel Napf, Decke oder Spielzeuge, die es ebenfalls in Läden für Tierbedarf käuflich zu erwerben gibt (vgl. B/3/120; B/13/506).

Petplay – Verhalten

»Einer begibt sich in die Tierrolle und der andere Partner ist eben Herrchen [oder Frauchen]« (B/15/586f.). Der Beginn des Rollenwechsels wird individuell gestaltet – während sich C auf »alle Viere« begibt und ein Halsband umgelegt bekommen möchte, beginnt er für D manchmal schon beim Geruch und Anblick der

Maske. Das hängt sowohl von der individuellen Rolle als auch von der präferierten Form der Interaktion ab. Aber es gibt Gemeinsamkeiten, die in allen Beschreibungen auftauchten.

Das Kommunikationsverhalten ist beispielsweise ein wesentlicher Aspekt, denn je nach Verhalten des Pets reagieren auch die Owner_innen unterschiedlich. Das Pet selbst benutzt keine menschliche Sprache mehr, sondern wählt die Geräusche und Lautäußerungen des Tieres, das sie_er verkörpert, wie Bellen und Winseln (B/4/152f.) oder eben Wiehern, Schnauben, Fauchen und Miauen. Die Owner_innen wechseln ebenfalls zu einer dem Tier angemessenen Kommunikationsweise: Verbale Kommandos mit einer abrichtenden Intention werden an Hunde gerichtet, mit Ponys wird dagegen eher partnerschaftlich und nonverbal kommuniziert (vgl. C/7/312; C/7/314ff.). Im Pony-Play kommen Körpersprache und Zügelsignale verstärkt zum Einsatz: Peitschen oder Gerten, die im Reitsportbedarf erhältlich und aus der Dressurreiterei bekannt sind, werden je nach individueller Neigungen als Verstärkung und zusätzliche Kommunikationshilfe genutzt (C/10/460f.) oder zum Auspeitschen (vgl. Kap. 3.4) zwecks Schmerzerfahrung eingesetzt (C/11/467ff.; D/7/254ff.). Auch die eigene Fortbewegung wird dem jeweiligen Pet angepasst: Der Hund läuft nun auf allen Vieren (vgl. B/3/114f.), während das Pferd auf zwei Beinen stehen bleibt entweder mit den Händen hinter dem Rücken (als würden sie nicht existieren) oder die Arme werden dem Bewegungsablauf entsprechend mitbewegt (vgl. C/10/421ff.).

Was miteinander gespielt wird (vgl. Kap. 5.6) und wer sich daran beteiligt (vgl. Kap. 5.8), hängt von den Fantasien, Wünschen und Möglichkeiten der Akteur_innen ab.

Petplay – Rollenvielfalt

Als häufigste Rollen im Petplay nennen die Expert_innen übereinstimmend Hunde, Katzen und Pferde (vgl. A/5/163;

B/7/255f.; C/19/794ff.). Aber auch wilde bzw. nicht domestizierte Tiere wie Wolf, Fuchs, Zebra und verschiedenen Wildkatzenarten kommen beim Petplay vor (vgl. C/19/795f.; C/19/811; D/1/24ff.). Eine ihnen bekannte Eulen- und eine Schaf-Rolle stellen eher eine Ausnahme dar (vgl. B/7/254; C/19/812f.).

Rollen, die sich Fabel- oder Mischwesen annähern, schreiben die Befragten eher der Furry-Kategorie zu (vgl. A/5/165ff.; C/19/814ff.) (vgl. Kap. 5.5).

Schweine und Kühe erwähnen zwei der Gesprächspartner_innen (C/19/800; B/7/257), aber beide kennen diese Rollen nicht persönlich.

> »Dann gibt es noch mal vereinzelt Rollen wie Schwein oder Kuh, das hört man mal, aber solche Leute habe ich real noch nicht getroffen. So was taucht nur irgendwie in Foren oder so mal auf. Oder Leute tauchen einmal im Chat auf und schreiben: ›Oh, keine anderen Schweine da‹ oder kein Herrchen, was sie direkt an den Strick nimmt, und dann sind die auch wieder weg« (B/7/256–260).

Zu jeder Tierrolle gibt es jeweils auch eine_n Besitzer_in/Halter_in (Owner_in) – hierzu zählen sich A und D.

Bedeutung der (eigenen) Rolle(n)

Für A entspringt die Faszination für seine Rolle einem Kindheitstraum von einem Pferd (vgl. A/8/261ff.). Pferde symbolisieren für ihn Stärke und Eleganz. Zudem verbindet Besitzer_in und Tier eine besondere Beziehung (vgl. A/8/268f.). C verwendet für die Beschreibung seines Bildes vom Pferd fast identische Attribute: »Kraft, Eleganz, Partnerschaft, Vertrauen. Das sind für mich die Aspekte, die ich mit einem Pferd verbinde. Pferde sind unglaublich kraftvolle Tiere« (C/9/415f.). Auch D benutzt Worte wie »Eleganz, Anmut und Kraft« (D/ 20/722; D/20/733), um ihr präferiertes Tier beim Petplay zu beschreiben. A dagegen umschreibt die von ihm erlebte Rolle des Hundes als »supersüß, drollig und brav« (vgl. A/8/271). B sieht seine Hunderolle eher als gemütlich und bezeichnet sich selbst als »treu« (vgl. B/1/28).

Beim Thema Katzen deutet B im Interview auf eine mögliche Dominanz hin:

> »Gerade beim Katzen-Play ist das ne Rolle, wo ich glaube, dass viele Leute die Veranlagung, die sie eh auch als Mensch haben – das Verschmuste, das Verkuschelte – in der Rolle noch mehr ausleben können. Oder sie nutzen das vielleicht sogar so ein bisschen als Alibi, sei es vor anderen oder vielleicht auch vor sich selber, um einfach mehr aus sich rauszugehen. Weil ja Katzen als Tiere doch schon sehr deutlich zeigen, wenn sie gestreichelt werden wollen, solche Sachen. Ich würde schon sagen, das ist Petplay, aber es ist von der Rolle eben anders als ne Pferde- oder ne Hunderolle« (B/13/485–491).

Oder auch wie es Interviewpartner B formuliert:

> »das Geborgensein in der Tierrolle, weil als Hund ist ja normalerweise auch eben ein Herrchen, Frauchen da und man wird betüddelt und man wird gekrault und man kriegt sein Fressen hingestellt und man hat in der Ecke seine Kuscheldecke, wo man sich irgendwie hinlegen kann, wenn man Ruhe haben möchte« (B/11/406–409).

5.5 Ist das schon Furry?

Um das Phänomen der Furry-Subkultur (ansatzweise) zu erklären, werden im Folgenden einige Zitate aus den Interviews (A–D) genutzt, da ich bei der Online-Recherche keine eindeutige Definition finden konnte. An dieser Stelle soll das Furry-Phänomen nur kurz erwähnt werden, um den Unterschied deutlich zu machen. In allen Interviewaussagen findet sich ein gemeinsamer Grundkonsens: Die Grenzen des Furry-Daseins zum Petplay sind fließend, weshalb es keine einheitliche Definition gibt.

> »Furry ist die Darstellung von nicht-menschlichen Wesen [...]. Wie ich es bisher begriffen habe, sind Furrys quasi nicht in einer Rolle, sondern sie sind Tiere« (A/5/172ff.).

> »Furrys sind nicht-menschliche Wesen, die ein menschliches Alter Ego haben« (A/5/184).

> »Wo die Tiervielfalt wieder größer wird, ist, wenn es in den Furry-Bereich abdriftet. Weil da gibt es alles Mögliche: also Hunde, Wölfe, Katzen, Großkatzen, Pferde, Fantasiewesen, Einhörner, Drachen, Eichhörnchen, Hirsche, Waschbären« (B/7/273ff.).

> »In der Furry-Welt ist man zwar auch ein Tier oder ein Mischwesen aus Mensch und Tier, lebt aber als gleichberechtigtes Wesen mit allen anderen Wesenheiten, die da auf der Welt existieren« (B/8/295ff.).

> »Im engsten Sinne kann man sagen, dass es sich bei Furrys um Menschen handelt, die sich selbst auch als Mensch-Tier-Mischwesen identifizieren. Minus den sexuellen Aspekten« (C/17/726ff.).

> »Ich kenne Furrys, die sagen: ›Eigentlich bin ich so, wenn ich nicht in diesen Körper gezwängt wäre.‹ [...], ›Eigentlich bin ich dieses Tier. Das ist mein Innerstes. Ich bin nur in eine falsche Hülle gezwängt‹« (C/17/748ff.).

> »Das sind welche, bei denen es unheimlich wichtig ist, dass sie einen Komplettanzug aus Fell tragen. Meistens. Wenn ihr präferiertes Tier Fell hat. Es gibt auch Drachen oder so. Da muss es dann nicht unbedingt Fell sein. Aber die wollen wirklich in das Interieur ihres Charakters schlüpfen, meistens« (D/8/264–267).

Gemeinsamkeiten von Petplay und Furry

Wie die Aussagen der Expert_innen zeigen, ist Furry ein sehr schwer einzugrenzendes Thema, deren Grenzen sich fließend in das Thema Petplay erstrecken. Wilcox unterscheidet Furry-Ponys und Rollenspiel-Ponys wie folgt:

> »Furry-Ponys beschäftigen sich zumeist damit, ihre Identität als Pferde zum Ausdruck zu bringen. […] Manchmal stellen sie mehr als ein Tier oder eine fiktive Kreatur dar wie ein Einhorn […]. Während Rollenspiel-Ponys einen Charakter annehmen, betrachten sich Furry-Ponys zunächst als Pony und erst dann als Mensch« (Wilcox, 2008, S. 5; Übers. d. A.).[93]

In allen Interviews wurde als Gemeinsamkeit von Petplay und Furry die Darstellung von nicht-menschlichen Wesen bzw. sogenannten Mischwesen aus Mensch und Tier betont (vgl. A/5/172f.; A/5/190ff.; B/8/296ff.; C/18/725ff.):

> »Und dann gibt es natürlich irgendwann den Übergang zu Petplay und ich persönlich hab für mich irgendwo die Abgrenzung getroffen, dass beim Petplay Menschen versuchen, Tiere zu verkörpern, und beim Furry Menschen eigentlich gerne diese Tiere wären. Oder diese Tiere in ihrem Innersten, in ihrer Gefühlswelt sind. Das geht schon fast ein bisschen in Richtung Totemtier, Krafttier. Etwas, mit dem sie sich selbst sehr sehr stark identifizieren« (C/17/734–739).

Das kommt den Antworten der Befragten wie »Ich bin mein Tier« (B/11/402) oder »In einen Teilaspekt meiner Selbst

93 »Furry ponies generally concern themselves with expressing their identity as horses. […] Sometimes they express more than one animal, or fictional creature such as a unicorn or toor. Whereas role-play ponies take on a persona, the furry pony may think of himself as a pony first and a human second« (Wilcox, 2008, S. 5).

schlüpfen« (D/16/591) sehr nahe. Vor allem C betont, dass es sich für ihn um eine »Wohlfühlrolle« (C/16/707) handle:

> »›Sich als Tier zu fühlen‹, das kann ja wieder Petplay sein. Also wenn ich Pony-Play mache, dann versuche ich den Zustand zu erreichen, mich als Pferd zu fühlen« (C/18/773ff.).

Auch die Beschreibung von D lässt sich so interpretieren, dass es eine starke Identifikation mit der präferierten Tierrolle gibt:

> »Ich bin mein Tier oder es kann auch sein, dass ich als ein Tier gehalten werden möchte, aber ich bin es nicht. Es gibt ja auch welche, die sagen, es ist so ein bisschen wie: ›Heute mache ich mal das Pferd an. Heute bin ich mal das Pferd. Ich schlüpfe in das Pferd.‹, obwohl das Pferd immer ein Teil von mir selbst ist. Das heißt, ich kann es gar nicht ausziehen. Es ist mehr so: ›Heute hat es mal Ausgang‹. Ohne dass ich jetzt sagen würde, ich hab eine Persönlichkeitsstörung mit mehreren Charakteren. Denn das denken andere dann ja auch. Das ist ja nicht so. Das gehört alles zu mir« (D/17/598–604).

B erklärt auch, sollte sich jemand in seiner Rolle besonders wohlfühlen, könne der »Übergang« zum Furry-Bereich »schwammig« sein (vgl. B/8/297f.). Dass »die Grenze fließend« sei, sagen A und C beide wörtlich (vgl. A/6/201f.; C/18/727).

Unterschiede von Petplay und Furry

Die Tierrollen werden in der Furry-Subkultur als vielseitiger beschrieben als jene Rollen, die im Petplay zumeist ausagiert werden (Hund, Katze, Pferd). Bei den Furrys gibt es, so die Expert_innen, Drachen, Einhörner und andere Fantasiewesen (vgl. B/8/280f.) mit teilweise »plüschigen« Outfits, die als weniger fetischisiert wahrgenommen werden (A/5/177ff.). Zudem nennt C im Interview als grundlegenden Unterschied zum Beispiel, dass eine

Tierrolle im Petplay abgelegt werden könne, während ein Furry die Tierrolle als festen Bestandteil der eigenen Identität wahrnehme (sich als Tier fühlen versus das Tier sein) (vgl. C/18/737ff.).

5.6 Petplay als (Rollen-)Spiel

> »Dann gibt es den Partner, der das nur ausprobiert, der tatsächlich seine Rolle spielt. Das heißt, er versetzt sich nicht richtig hinein, weil er es nicht kann, weil er sich nicht mit der Rolle identifizieren kann. Er versucht es seinem Partner zuliebe, deswegen tut er so als ob. Das wäre dann wie Theater spielen« (D/6/191–194).

Für alle vier Expert_innen stellt Petplay als Interaktionsform ein Spiel dar, das sie auch als »Spielen« bezeichnen. »Jede Session ist spielen – sonst wäre es Körperverletzung«, präzisiert A seine Haltung zu dieser Frage (vgl. A/2/55ff.). Auch B sagt, Petplay und BDSM werde gespielt, ergänzt aber, dass es Menschen gebe, die es für sich als »leben« kategorisieren, weil es einen intensiven Teil ihres Lebens einnehme (vgl. B/3/105ff.). Demnach fassen es manche als Lebenseinstellung auf (vgl. C/4/161ff.), diese Personen empfinden den Begriff »spielen« bzw. »Spiel« unter Umständen so, als werde ein wertgeschätzter Anteil ihrer Identität herabgewürdigt[94].

---

94 Auf der Suche nach einem geeigneten Titel dieses Buches kam die Frage auf, ob »Die wollen doch nur spielen!« passend sei, da, so die Bedenken, Petplay nicht gespielt werde. Wie an dieser Stelle deutlich wird, lässt sich dieser Einwand widerlegen. Zumal die Doppeldeutigkeit des Titels 1. auf die oftmals besänftigenden Worte von Hundebesitzer_innen anspielt, die so versuchen, Personen zu beruhigen, die von ihrem Hund angebellt und/oder angesprungen werden, wodurch gleichzeitig auf eine ähnliche Situation mit einem Human Dog Bezug genommen wird, und 2. auf die seit Anfang der 1990er Jahre existierende (gleiche) Formulierung, die sich im Zuge der Aufklärung und der öffentlichkeitswirksamen Entpathologisierung zunehmend in der BDSM-Subkultur etablierte.

D versteht Petplay ebenfalls als Spiel, differenziert aber zwischen »ausprobieren« und »intensivem Spielen« (vgl. D/4/119f.), um bezüglich Tiefe und der erreichbaren Nähe des Miteinanders Abstufungen vorzunehmen.

Allgemein lassen sich die von den Interviewten beschriebenen Handlungen und Umgänge mit denen mit »echten« (Haus-)Tieren vergleichen: Mit den Hunden wird gespielt und geschmust und auch untereinander wird gespielt (im Rudel) (vgl. B/4/164ff.). Mit den Ponys findet Dressurarbeit statt oder Bodenarbeit wie zum Beispiel Baumstammrücken (vgl. C/7/319ff.), aber auch sie bekommen Schmuseeinheiten (vgl. D/20/793). Welches Tier welche Interaktion bevorzugt oder sich zu einer bestimmten Interaktion eignet, ist »charakterabhängig« (vgl. D/20/719ff.) oder hängt von der individuellen (auch physischen) Konstitution ab:

> »Gerade als Pferd hat man ja dann auch Aufgaben, wie eine Kutsche zu ziehen oder irgendwelche Baumstämme von A nach B hinter sich herzuziehen. Und das ist dann schon richtig Sport« (C/7/327ff.).

> »Ein Pferd ist kraftvoll, kann Dinge bewegen, ist stark. Dieses Kraftvolle nehme ich auch für mich mit. Es war zum Beispiel durchaus so, dass ich, bevor ich mit Petplay angefangen habe, nicht besonders gut im Training war. Ich war leicht übergewichtig, habe dann aber gesagt: ›Okay, wenn ich jetzt mit Pony-Play anfange und eben sage, ein Pferd steht für mich für Kraft‹, dann möchte ich für mich auch diese Kraft verkörpern. Was für mich bedeutete, ich habe angefangen, Sport zu treiben, um dieser Rolle aus meiner Sicht gerechter zu werden. Was für mich natürlich einen sehr, sehr, schönen Nebeneffekt hat, dass ich auch im normalen Leben ein recht fitter Mensch geworden bin. Das hat mir die notwendige Motivation gegeben, damit anzufangen« (C/11/479–487).

Ferner spiegelt sich in den Aussagen der Befragten, dass im Petplay sowohl die Wahl der Accessoires (Outfit, Zubehör) als auch das individuelle Verhalten durch unterschiedliche Faktoren beeinflusst werden. Es lassen sich zwei Kategorien unterscheiden: die Außendarstellung (Präsentieren) und die Selbstwahrnehmung (Fühlen).

Präsentieren

»Ich hatte da einfach in dem Moment das Gefühl, da steht ein Pferd« (A/14/498).

Die Variante des Präsentierens findet sich in allen vier Interviews wieder. Aus der Perspektive der Pets wird eine möglichst realistische Darstellung angestrebt – sowohl im Aussehen als auch im Verhalten.

B selbst könnte für das Ausleben der Rolle gut auf das Tragen einer Maske oder eines Anzugs verzichten: »Wenn ich es tatsächlich für mich mache, um mich in der Rolle wirklich wohlzufühlen, dann benutze ich meistens relativ wenig Kleidung und Accessoires« (B/3/113f.). Weiter ergänzt er:

> »Was es dann auch noch gibt, ist so eine Art Petplay – wie soll ich das beschreiben –, um quasi ein bisschen mehr für andere zu zeigen, wo das Pet dann tatsächlich auch eine Rolle spielt für die anderen, um wirklich wie ein Tier auszusehen. Dann gucke ich auch mehr darauf, irgendwie schöne Pfötchen zu haben und eine Hundemaske, die wirklich wie ein Hund aussieht« (B/4/125–129).

In seiner Erzählung berichtet C sogar, »stolz [zu] sein« (C/5/193–197) auf die eigene, möglichst realistische Darstellung:

> »Und dann hab ich das andere Extrem kennengelernt, wo der Mensch, der in die Tierrolle schlüpft, diese Rolle sehr, sehr freiwillig annimmt. Für ihn ist das Ganze dann eher ein Rollenspiel dahingehend, dass er versucht, sich in die Psyche des Tieres hin-

> einzuversetzen und quasi das Tier zu werden. Und er ist auch stolz darauf, wenn er es schafft, dieses Tier möglichst realistisch zu verkörpern. Das ist dann eher eine Wohlfühl-Rolle« (C/5/193–197).

Ist C alleine als Pferd unterwegs, empfindet er die Situation manchmal weniger als Spiel, vielmehr geht es ihm dann darum, »sich [zu] zeigen« (vgl. C/4/155ff.).

Masken haben auch Nachteile: Das Atmen fällt schwerer und in der Rolle des Hundes ist es erheblich schwieriger, Spielzeug aufzuheben oder zu fressen und zu trinken (vgl. B/3/117ff.), auch der Blickkontakt, der für die Kommunikation miteinander wichtig ist, wird dadurch eingeschränkt oder sogar unmöglich (vgl. C/8/378ff.).

Fühlen

> »Das erste Ziel für mich ist, dass ich demjenigen, der mit mir zu tun hat, der mit mir spielt, glaubhaft verkörpere, dass er es mit einem realistischen Pferd zu tun hat. Wenn ich das mache und mich quasi erst mal in diese Rolle rein begebe und diese Rolle spiele, und wenn eine gewisse Bindung zu der Person da ist und die Situation es erlaubt, dann kann ich einfach auch geistig abschalten, dann schaffe ich es vom Schauspielern wirklich auf eine instinktivere Denkebene runterzuschalten. Ich höre auf, alles, was ich tue, zu analysieren und zu hinterfragen, und mir eben keine Gedanken mache wie ›Okay, was wäre jetzt der nächste Schritt, den ein echtes Pferd machen würde? Wie würde ein Pferd jetzt in dieser Situation reagieren?‹, sondern ich schaffe es, tatsächlich auf diese Ebene runterzukommen. Ich reagiere einfach. Ein Ball kommt plötzlich in den Blickwinkel geflogen und ich scheue, erschrecke mich. Was ich als Mensch nie machen würde. Oder wo ich mir eben am Anfang noch sagen würde: ›Okay, da kommt jetzt ein Ball geflogen. Ein richtiges Pferd würde jetzt scheuen, also scheue ich.‹ Und ganz,

> ganz selten, wenn ich wirklich richtig in diesem Flow drin bin und mich auch wirklich mal in diese Rolle rein begeben konnte, ist es mir dann eben passiert, dass ich auf diese geistige Ebene gelangte« (C/6/276–290).

Für A ist die Owner-Rolle ein Teil seiner selbst, den er auslebt (vgl. A/3/82). Ähnlich ist es für B. In seiner Tierrolle legt er keine charakteristische Eigenart an den Tag, die er nicht auch als Mensch besitzt und fühlt (B/10/396ff.). Wenn nicht das Darstellen des Hundes im Vordergrund steht, nutzt er andere und weniger Accessoires (vgl. B/3/123ff.).

Im Interview erklärt C anhand eines Beispiels, was er unter »in die Rolle finden« versteht:

> »Die Leute begeben sich dann einfach wie in einem Rollenspiel in diese Rolle, wie ein Schauspieler, und verlieren sich dann in dieser Rolle, indem sie versuchen, in dieses Mindset und diese Gefühlswelt reinzukommen, sodass man sich zumindest vorstellen kann, wie ein Hund oder ein Pferd vielleicht denkt. Wenn sie diese instinktivere Ebene erreichen, dann ist denen egal, ob sie ihre Hände benutzen können, weil in ihrer Selbstwahrnehmung haben sie in dem Moment gar keine Hände« (C/6/247–252).

Auch D spricht ihr Pony mit »Pony« an, sie nimmt es nicht losgelöst von seiner Rolle wahr (vgl. D/12/421f.). Zu ihrer Rolle als Ownerin sagt sie:

> »Das Ziel bei der Sache ist ja zum Beispiel, dass das Pet von mir kontrolliert wird, im Idealfall. Und zwar so, dass er seinen Kopf komplett abschalten kann und ich ihm wirklich vorgebe, wo er lang zu gehen hat. [...] Ich kann versuchen, bei ihm sozusagen diesen Schalter umzulegen, sodass er wirklich vergisst, dass er real der Kassierer im Supermarkt ist, und jetzt das Pony sein kann, das von mir gelenkt wird und macht, was ich möchte. Diesen Zustand möchte ich erreichen« (D/3/99–111).

Die emotional-psychische Selbstwahrnehmung beschreiben B und C auch als »Urlaub vom Menschsein« (vgl. B/11/403) bzw. als »Urlaub von mir selbst« (C/4/170f.):

> »Für mich ist Petplay einfach ein Urlaub von mir selbst und deswegen bezeichne ich das Ganze auch als Spiel. Ähnlich als würde ich irgendwo hingehen und Fußball spielen oder einem anderen Hobby nachgehen, dient es mir dazu, einfach für eine gewisse Zeit lang aus dem normalen Alltag mit einkaufen gehen, arbeiten gehen, Kind versorgen ein bisschen auszubrechen und mal was zu machen, was anders ist. Und wo man sich dann einfach auch ein bisschen drin verlieren kann« (C/4/170–175).

Für C bedeutet das Abschalten des Kopfes, das Erreichen einer instinktiveren Ebene Entspannung.

> »Das ist unglaublich entspannend, weil man sich eben nicht mehr über alles Gedanken macht. Du bist einfach nur noch da und reagierst und existierst und interagierst mit deinem Partner, ohne dir Gedanken über irgendwelche Erwartungshaltungen zu machen oder wie du jetzt reagieren solltest, was du machen solltest – du planst einfach nicht« (C/7/290–294).

Für C ist Petplay ein Hobby (er benennt es an verschiedenen Stellen im Interview auch als eben solches). Für ihn vereint es die Aspekte Freundschaft, Freizeitgestaltung, Interaktion (Üben) mit seiner Partnerin sowie sportliche Aktivitäten (vgl. C/4/172ff.; C/10/447ff.; C/20/840ff.; C/11/484ff.).

5.7 Petplay als BDSM-Variation

> »Also für mich beginnt BDSM oder D/S in dem Moment, wo ich mit Machtabgabe spiele. Und das können mit Seidentüchern verbundene Augen und leicht gefesselte Hände sein, aber schon da

spielst du einfach mit Machtabgabe und Macht. Und Petplay hat halt definitiv was mit Dominanz und Submission zu tun. Also zumindest für mich als Owner« (A/2/64–68).

Die vier befragten Expert_innen sehen zwischen Petplay und BDSM verschiedene Zusammenhänge sowie Überschneidungen und betrachten beide als »nicht unbedingt verschiedene Sachen« (vgl. B/2/42ff.), Petplay als »kein eigenes Thema«, nur als »eine weitere Ausprägung im BDSM-Bereich« und »eine weitere Vielfalt« in der BDSM-Szene (vgl. C/15/645ff.). Den Aspekt von D/S-Strukturen erwähnen alle Interviewpartner_innen als Teil von Petplay, da sich zwei Personen in unterschiedlich »machtvolle« Positionen begeben: die eine führt und die andere wird geführt.

Auch B zufolge sind im Petplay D/S-Strukturen vorhanden:

> »Es gibt einen aktiven und passiven Part, einer ordnet sich dem anderen unter. Die Mechanismen, die dabei ablaufen, dürften ziemlich gleich sein. Ob man das jetzt Domse und Sklave oder Frauchen und Doggy nennt oder wie auch immer – das äußere Setting ist vielleicht ein anderes, aber die Mechanismen dürften ähnlich sein« (B/13/496–499).

Die Befragte D nimmt folgende Perspektive zu D/S ein: »Aber die D/S-Struktur ist da eigentlich ganz wichtig. Deswegen würde ich nicht unbedingt sagen, dass man Petplay losgelöst von BDSM betrachten kann« (D/6/219f.).

Dass von außen betrachtet einige Elemente wie Leinen oder Halsbänder dem BDSM zugehörig oder ähnlich interpretiert werden, erscheint naheliegend (vgl. B/13/494ff.; C/13/571ff.). Doch unterscheidet sich die von den Interviewten dargestellte Version des freiwilligen und eigenmotivierten Petplays (vgl. A/12/425; C/5/193ff.) von eben jenem Bild, bei dem jemand die Tierrolle aufgezwungen bekommt, wie das im BDSM der Fall ist:

> »Und wenn ich etwas öffentlich mache, das unbeteiligte Leute sehen können, dann versuche ich eben auch die sexuellen Aspekte,

die man da vielleicht reininterpretieren kann, so gering wie möglich zu halten. Indem ich zum Beispiel zeige, dass ich Spaß habe, dass ich lächle und den Leuten eben nicht das Bild gebe, das sie in ihrer Fantasie gerne hätten, wenn sie das damit assoziieren. In der typischen Gedankenwelt bist du, wenn du als Pferd zum Beispiel eine Kutsche ziehst, der arme Sklave, der ausgepeitscht und angetrieben wird, um diese Kutsche zu ziehen« (C/22/936–942).

Für C gehört die Variante, in der man in die Tierrolle gezwungen wird, auch zum Petplay (vgl. C/4/182ff.), wohingegen B differenziert:

> »Es gibt ja die aus dem BDSM kommende Variante, dass ein Dom/eine Domse ihren Sklaven noch mehr entrechtet, ihn nur noch wie ein Tier behandelt. Und dann gibt es ja auch die Variante, dass sich Leute in der Petrolle wohlfühlen und sich wirklich wie ein Tier fühlen, was dann schon wieder wenig, wie ich finde, mit BDSM zu tun hat« (B/2/44–48).

Erniedrigungen, in der Regel ein Teil von BDSM-Praktiken, wünschen sich laut D viele Pets (vgl. D/22/816ff.) und C vermutet den Entstehungsursprung von Petplay an genau dieser Stelle:

> »Für mich ist es nicht mehr so, dass ich Petplay pur dem BDSM zuordnen würde. Aber so hat es sich entwickelt. Soweit ich weiß, hat sich Petplay eben aus dem BDSM heraus entwickelt, nämlich auf der Erniedrigungsschiene: ›Ich behandle dich jetzt wie ein Tier. Du bist gebunden, gefesselt, du kannst dich nicht wehren. Du wirst wie ein Tier behandelt. Das ist eine Erniedrigung für dich, wie ein Tier behandelt zu ‹« (C/13/571–575).

Für C spielt die Partnerschaftlichkeit im Pony-Play eine wichtige Rolle, die er etwas abweichend von »klassischen« D/S-Rollen beschreibt:

> »Ein Hund hat ja zu seinem Besitzer oft eine sehr, sehr vertrauensvolle und sehr, sehr enge, tiefe Beziehung oder man baut, wenn man sich eine Weile mit einem Pferd auseinandergesetzt hat und lange mit ihm geritten ist, dann auch so ein Vertrauen auf. Man weiß, was man voneinander erwartet, was man voneinander möchte, und das hat dann einen wesentlich stärkeren partnerschaftlichen Charakter. Und dieses Extrem würde ich zum Beispiel gar nicht als BDSM bezeichnen. Das ist für mich eher eine Form von purem Rollenspiel« (C/5/202–208).

Der Bondage-Aspekt scheint ebenfalls von Bedeutung. Wilcox erwähnt diesen Aspekt in ihrem Buch (vgl. Kap. 3.5), auch B spricht von Pfotenhandschuhe, die seine Hände einschränken, damit er diese nicht versehentlich wie menschliche Hände benutzt. Dadurch fühlt sich seine Rolle realistischer an (vgl. B/4/139ff.). Auch C ordnet seine Neigungen in die Kategorie Bondage ein:

> »Er als Dogplayer möchte als Tier, zum Beispiel als Hund, nicht in der Lage sein, seine Hände zu benutzen. Einfach, weil es für ihn zur Tierrolle nicht dazugehört. Da kommt dann ein Bondage-Aspekt aus dem BDSM mit rein, indem man zum Beispiel Handschuhe übergezogen bekommt, die so gepolstert sind, dass man seine Finger nicht mehr benutzen kann. Man kann dann nichts mehr greifen, man ist also in seiner Mobilität eingeschränkt« (C/5/224–228).

Weiter heißt es:

> »So ist es durchaus auch bei mir, wenn ich in der Rolle drin bin. Dann finde ich es auch interessant, nicht alleine aus der Rolle rauszukommen. Sprich, hier ist auch ein gewisser Bondage-Aspekt mit bei, indem mir meine Hände gefesselt werden, ich mich nicht selbst aus dem Kostüm befreien könnte« (C/6/263–266).

Das Bondage-Thema bestätigt auch D:

> »Bei vielen geht es auch darum, sich nur eingeschränkt bewegen zu können. Im Pony-Play, da fehlen zum Beispiel die Hufe, ähnlich wie Dog-Playern die Pfoten, die tun dann so, als haben sie keine Finger mehr und wollen an die Leine gelegt werden. Das sind ja schon Sachen, wo die Bewegungen noch mit eingeschränkt werden. Und bei den Pony-Playern ist es noch häufig extremer. Die haben dann noch Geschirr an und werden noch irgendwie festgemacht. Das Festgebundenwerden ist immer ganz toll« (D/7/234–239).

Eine andere dem BDSM angehörige Praktik ist das Zufügen von Schmerzreizen und das Empfangen eben jener. Während A und C für sich keine S/M-Aspekte in ihrem Petplay wünschen (vgl. A/3/93ff.; C/10/461ff.), haben B und D damit durchaus Erfahrung gemacht:

> »Als Subbie will ich dann tatsächlich schon unterworfen und auch geschlagen werden und das ganze Drumherum, während für mich als Pet Schlagen bis auf ganz, ganz wenige Ausnahmen zum Beispiel überhaupt nicht geht. Ja, und das krachte bei mir dann irgendwann mal ziemlich heftig aufeinander. Ich hab dann bestimmt so ein halbes Jahr gebraucht, ehe ich das so für mich sortiert hatte, dass es tatsächlich unterschiedliche Rollen sind mit unterschiedlichen Vorlieben, die alle ihre Zeit haben, um ausgelebt zu werden, aber eben jeweils in einem anders aussehenden Setting« (B/2/66–72).

Für D kann Schlagen und Geschlagenwerden zu einem Teilaspekt ihres Petplays werden (vgl. D/7/254).

5.8 Wer mit wem oder doch alleine? – Beziehungskonzepte im Petplay

Bei A und B wird im Verlauf des Interviews nicht deutlich, in welcher Beziehungsform sie aktuell leben. C fokussiert sich in seinen Erzählungen fokussiert auf die Interaktion und das Üben mit einer Person (C/10/438ff.), während D ausführlicher darauf eingeht, in welchem Rahmen sich ihr ausgelebtes Pony-Play abspielt. Sie beschrieb eine »Grundbeziehung« und mehrere weitere Pony-Play-Partner, mit denen sie teilweise auch intime Beziehungen führt:

> »Also wenn man es denn dann verallgemeinern will, habe ich eine ganz normale Grundbeziehung, an der nicht zu rütteln ist und mit der ich sehr glücklich bin, nach vielen Jahren des Ausprobierens und Suchens, glaube ich, dass es bei dieser auch so bleibt« (D/2/60ff.).

Weiter sagt sie:

> »Ich muss ja sagen, ich bin so ein richtiger, kleiner Pony-Messie. Das kommt ja nicht von ungefähr: Ich ziele darauf ab – ich will ja mal eine Kutsche haben. Also brauche ich ein Gespann. Und da sammle ich gerade für« (D/2/47–50).

Und:

> »Gerade bei den Pony-Play-Partnern sind es meistens Beziehungen, die für mich intim sind. Selbst wenn die intime Beziehung nur rein mental ist. Das ist ganz wichtig, dass die Bindung sehr, sehr stark ist. Ich kann auch Pony-Play mit jemandem machen, bei dem das nicht so ist. Dann gibt es aber nicht die Tiefe von Emotionen, die ich gerne hätte. Es gibt auch Ponys, die ich kenne, die ich auch mal im Gespann oder mal so lenke, aber mit denen ich keine tiefere Beziehung habe oder zumindest nur eine platonisch-freundschaftliche« (D/12/399–404).

In den Aussagen von B, C und D spiegelt sich eine gemeinsame Perspektive auf die Pets wider, dass eine Bezugsperson zwecks Interaktion eine zentrale Rolle spielt. B gibt an, auch mal alleine oder nur mit anderen Pets zu spielen:

> »Ich mach das durchaus auch alleine bzw. mit anderen Tieren zusammen. Sozusagen wie im Rudel. Auch schon mal, aber letztlich gehört schon jemand dazu, der sich dann eben auch um mich als Tier kümmert« (B/4/164ff.).

Im Gegensatz zu B ist für C eine Bezugsperson sehr wichtig: »Also ich brauche eine Bezugsperson. Jemanden, mit dem ich das zusammen machen kann. Alleine macht die Tierrolle keinen Spaß« (C/4/152f.). Zum Spiel der Pets untereinander sagt D:

> »Es gibt auch welche, die damit zufrieden sind oder damit zufrieden sein können, das für sich alleine zu machen. Deshalb würde ich nicht sagen, es muss das haben. Es gibt immer Ausnahmen von der Regel. In der Regel ist man zu zweit oder mit mehreren zusammen. Es gibt da auch welche, die es total toll finden, wenn sie eine Herde oder was auch immer sind. Das gibt es auch« (D/6/215–219).

Außerdem scheint es einen Konsens unter den Befragten darüber zu geben, dass eine Art »Petplay-One-Night-Stand« bzw. das Spiel mit fremden Personen unerwünscht ist. Während für B vor allem Vertrauen eine wichtige Rolle spielt (vgl. B/10/370f.), möchte C eine Art emotionale Beziehung zu der Person haben, mit der er spielt und in deren Verantwortung er sich begibt (vgl. C/3/117ff.). Auch für D sieht die Petplay-Interaktion als eine Art »Vetrauenssache« an, für die man sich etwas kennenlernen und sympathisch finden muss (vgl. D/2/69.; D/3/77f.). D führt meist intime Beziehungen, wofür eine starke Bindung nötig ist (vgl. D/11/399ff.).

5.9 (A-)Sexualität im Petplay

»Ich dachte auch am Anfang, dass Petplay zum Beispiel grundsätzlich sehr sexualisiert ist« (C/2/76f.).

Wie sich bereits in der Kurzbeschreibung der Befragten (vgl. Tab. 1) zeigte, haben alle vier eine erkennbare Haltung zum Thema Sexualität und Petplay. Für A, B und C ist Petplay eher asexuell konnotiert. Sie wollen und haben keinen Sex in der Rolle als Pet oder als Owner_in. A betont immer wieder, dass seiner Ansicht nach sexuelle Komponenten nicht zum Petplay gehörten und er jede sexuelle Handlung meide (A/1/26f.; A/2/43ff.; A/2/73f., A/3/76; A/7/249; A/12/409ff.), da die Verschränkung von Petplay und Sexualität einer männlich-pornografischen Darstellung entspringe, ein Klischee, das er persönlich ablehne (A/1/22f.). Sexuelle Handlungen sind aus dem Petplay heraus laut B möglich, aber dann »wechsle« er sozusagen vom Pet in die Rolle eines Furrys (B/2/75ff.). Er kennt auch die Variante, dass es von vornherein ein sexuelles Petplay sein kann (B/3/89ff.), hier spielt sein Latexfetisch keine unbedeutende Rolle:

> »Während im, ich sag jetzt mal, heterosexuellen Bereich die asexuelle Petplay-Variante deutlich die dominierende ist, ist das im schwulen Bereich nicht ganz so. Da würde ich sagen, es ist das mehr ausgeglichen« (B/5/197ff.).

C hat versucht, in seiner Rolle/in seinem Outfit mit seiner Partnerin Sex zu haben, aber beide stellten dabei fest, dass es ihnen »nichts gibt« (C/16/691ff.). Bondage-Variationen und Materialien sind ihm wichtiger: »Es ist erotisch, weil es mich einfach ästhetisch anspricht, aber interessanterweise nicht sexuell« (C/16/687f.). D kennt sowohl sexuelles Petplay als Wildkatze (D/11/373ff.; D/11/386ff.) als auch sexuelle Erregung in der Rolle als Ownerin (D/10/331ff.; D/10/344ff.; D/10/352f.). D führt mit ihren Ponys intime Beziehungen, in denen es auch zu sexuellen Handlungen kommt. Diese finden während des Spiels oder im Anschluss als Belohnung für braves Verhalten statt (D/11/405ff.; D/11/414).

Besonders auffällig sind die in den Interviews angesprochenen Aspekte »Erotik« und »Erregung«, die für das medial dargestellte Konzept eines »erotischen Rollenspiels« sprächen. Inwiefern Petplay als Vorspiel genutzt wird und deshalb trotz asexuellen Handlungen als sexuelle Handlung verstanden werden kann, bedürfte weiterer, vertiefender Forschung. D beschreibt in diesem Zusammenhang mehrere Situationen, von denen ich hier zur Verdeutlichung zwei wiedergebe:

> »Beim Petplay ist definitiv eine sexuelle Komponente mit dabei. Definitiv. Das bedeutet nicht, dass beim Petplay an sich etwas Sexuelles passieren muss. Wenn ich mit meinem Pony in den Wald gehe und wir eine Sulky-Ausfahrt machen oder ich ihn dressiere, berühre ich dabei niemals sein Geschlecht und er nicht meins. Es kann zwar mal passieren, aber es passiert eher nicht. In der Regel sind wir beide dabei auch völlig angezogen. Passiert ja auch draußen. Trotzdem hat es was sehr Erotisches. Trotzdem sind wir dabei erregt. Nicht in jeder Situation, aber wenn es schön ist, dann doch« (D/9/319–325).

> »Das kann schon beim Packen anfangen: Wenn ich die Zügel in der Hand habe und fest um meine Hand wickle oder wenn ich die Reitgerte in die Hand nehme. Häufig ist es sehr kopfgesteuert. Petplayer sind in der Regel sehr kopfgesteuert, glaub ich. Oft sind es die optischen Reize, weswegen man sich da auch rein begibt. Nicht nur, aber auch. Es geht auch gerade für das Pet darum, sich in gewissen Grenzen zu bewegen. Eingegrenzt zu werden – gerade beim Pony-Play. Da ist dann alles Mögliche erotisch. Wenn ich dabei Latex trage, ist das für ihn total toll. Obwohl das nichts Petplayspezifisches ist. Es ist aber auch erregend, wenn ich es nicht trage und er von mir einfach nur festgemacht wird oder es kann der Geruch seiner Maske sein, das Tragen der Trense, das Eingesperrtsein in den Huf-Handschuhen, mich ziehen zu müssen, von mir dressiert zu werden, die Bewegungen auszuführen, die ich ihm vorgebe, von mir dabei gezüchtigt zu werden. Und für mich ist der Anblick oder die Situation, ihn zu unterwerfen, so Momente, die erregend sind« (D/10/331–341).

Fetisch im Petplay

Das Wort Fetisch[95] benutzten die Befragten nicht im klinisch-pathologischen Sinne[96]. A spricht über seinen tendenziellen »Lederfetisch« (A/7/228ff.), sofern man es überhaupt so nennen möchte, der Fokus auf Army-Tarnmuster sei noch ausgeprägter bei ihm (A/7/233). Die vielfältige Latexkleidung (Masken, Pfoten, Anzug) ermöglicht es zum Beispiel B, seinen »Latexfetisch« auszuleben (B/3/124f.). C findet Latex zwar optisch ansprechend, aber in der Praxis unpraktisch (C/9/388ff.). Die Optik spielt für ihn insgesamt eine bedeutende Rolle (vgl. C/6/259ff.). Zum Leder als vielseitiges Material sagt er:

> »Und prinzipiell finde ich Leder halt auch interessant. Einfach die Art und Weise, wie sich Leder anfühlt und riecht. Und dann die einschränkenden Eigenschaften von Leder: gerade, wenn du so einen Harnisch um deinen Körper herum hast und den auch wirklich am Körper spürst. Das ist für mich interessant« (C/9/398).

Dazu passen auch die Beobachtung von D, die Materialfetische (Leder, Latex, Lycra) in der Petplay-Subkultur als häufig verbreitet wahrnimmt (D/7/247).

---

95 Im allgemeinen Sprachgebrauch hat sich »Fetisch« bekanntlich als eine Umschreibung durchgesetzt, mit der eine ausgeprägte (auffällige) Vorliebe oder Begeisterung umschrieben wird. »Ich habe einen Schuhfetisch« meint nicht, dass eine Person sexuelle Erregung und Befriedigung ausschließlich durch z. B. rote High Heels erlangen kann, sondern dass sie sehr gerne neue Schuhe kauft, viele Schuhe besitzt und/oder besondere Schuhe trägt. Im Kontext der Interviewaussagen zeigt sich, dass zwar eine Erregung durch bestimmte Materialien (Anblick, Gefühl, Geruch) möglich ist, aber konträr zum asexuellen Empfinden der Gesamtsituation steht.

96 Nachzulesen unter 302.81 im DSM-IV-TR (2000) oder unter F65.0 im ICD-10 (2013).

Sexarbeit und Petplay

Das Thema Sexarbeit kommt nur im Interview mit B näher zur Sprache, als es um Schweine-Petplay (vgl. Kap. 5.4) geht:

> »Das ist eigentlich irgendwie ein völlig eigener Bereich für sich, der mit dem Nicht-Bezahlbereich eigentlich fast keine Überschneidung hat. Also ich wüsste jetzt auch nicht, dass die Petplayer, die ich kenne, das so in der normalen Community ausleben, dass die auch bezahlte Dienstleistungen an der Stelle in Anspruch nehmen. Also von daher kann ich wenig zu dem Bezahlsektor sagen« (B/7/265–269).

5.10 Orientierungen, Identitäten und andere Rollenklischees im Petplay

Auf der Suche nach einer Antwort auf die Frage nach Rollenklischees innerhalb der Petplay-Subkultur äußern sich die Befragten ähnlich.

Sexuelle Orientierungen, Geschlechtliche Identitäten

Eine größere Petplay-Gruppe (primär Hunde) findet sich B zufolge in der schwulen Community (vgl. B/5/196f.), C bezeichnet dagegen Dog-Play als »klassisch schwul geprägt« (C/13/550ff.). Außer B hat keine_r der Expert_innen Kontakt zur oder näheres Wissen über die schwule Petplay-Community.

Im Gespräch mit B kam die Frage auf, ob für ein asexuell konnotiertes Petplay die sexuelle Orientierung bei der Partner_inwahl überhaupt eine zentrale Rolle spiele, woraufhin B zu Bedenken gibt:

> »Dann gibt es eben auch die Leute, die Petplay zwar als einen Aspekt betrachten, aber mit dem Partner/der Partnerin auch noch

andere Dinge tun möchten, woraus dann, glaub ich, wieder das Bedürfnis erwächst, doch einen der eigenen sexuellen Orientierung kompatiblen Partner zu haben. Also zum Teil, denke ich, ist das Gegenüber – nein, das denke ich nicht nur, es war bei mir und bei einigen anderen auch so –, oft fürs reine Petplay egal. Da ist es mehr ne Frage, wie viel Vertrauen man zum Gegenüber hat, weil man sich ja doch in gewisser Weise auch ausliefert« (B/10/365–371).

Zum Thema geschlechtliche Identitäten hat C folgenden Eindruck:

> »Ich bin auch der Meinung, festgestellt zu haben, dass im Petplay-Bereich, das ist aber rein subjektiv, der Anteil an Menschen mit Transidentität, also Transvestit oder auch transsexuell, im Durchschnitt höher ist als zum Beispiel in anderen BDSM-Spielarten« (C/11/494–497).

Rollenverteilungen

Alle Expert_innen positionieren sich zur Frage von Rollenklischees mit viel Vorsicht, was für keine stark ausgeprägte Eindeutigkeit solcher Klischees, sondern eher für eine existierende Vielfalt innerhalb der Subkultur spricht.

A sieht eine ungefähr gleiche Verteilung im Pony-Play, wohingegen in der subjektiven Wahrnehmung von C und D ein eher männlich dominiertes Pony-Play existiert (vgl. C/12/535ff.; D/21/762ff.).

Menschliche Hunde, wie schon von C als »klassisch schwul geprägt« (vgl. C/13/551f.) interpretiert, werden B zufolge außerhalb der schwulen Petplay-Community zumeist von männlichen Personen dargestellt (vgl. B/12/456ff.).

5.11 Outing und Petplay

Die befragten Expert_innen A, B und C geben an, auch Personen außerhalb der BDSM- und Petplay-Subkultur, die also selbst nicht Petplay betreiben, von ihren Aktivitäten erzählt zu haben.

Freundeskreis, Beziehung und bestimmte Mitglieder seiner Familie wissen von A, was er tut (vgl. A/4/140ff.). Während seiner Universitätszeit trug B im Alltag für die Öffentlichkeit sichtbar Halsband und Tail[97]. Er erzählt, dass »keine fünf Leute« nachgefragt hätten, was es damit auf sich habe (vgl. B/14/530f.). Als er seinem Bruder davon erzählt, reagiert dieser B zufolge »neutral« (vgl. B/14/544).

Auch C stellte fest, dass es keinerlei Probleme gebe, wenn er mit dem Thema offen und mit einer gewissen Selbstverständlichkeit nach außen umginge:

> »Ansonsten wissen es auch eine Menge Freunde außerhalb des BDSM-Kreises. Denen habe ich es dann irgendwann einfach mal erzählt, weil ich auch keine Lust habe, mich zu verstecken, und auch der Meinung bin, da ich nichts Schlimmes mache, können sie es auch wissen. Es hat sie nicht großartig verstört. Ich habe mich irgendwann auch mal gegenüber meinen Eltern geoutet, einfach weil ich auch da nicht anfangen wollte, meine Eltern zu belügen. Als ich zum Beispiel mit Petplay angefangen habe, fing ich auch an, relativ viel zu reisen, unterwegs zu sein, um Freunde und Veranstaltungen zu besuchen oder um an Christopher Street Days teilzunehmen. Meine Eltern haben mich natürlich irgendwann mal gefragt, warum ich jetzt so viel reise und so oft unterwegs bin. Ich hatte halt keinen Bock zu lügen« (C/20/835–844).

D machte hingegen eher negative Erfahrungen, sobald sie versuchte, Outing-Gespräche zu führen, weshalb sie seither diese zwei Welten voneinander trennt (vgl. D/14/507).

---

97 Engl.: Schwanz i. S. v. Rute eines Tieres (hier: Hund).

5.12 (Mediale) Außenwahrnehmung und -darstellung

Bevor sich A näher mit Pony-Play beschäftigte, hatte er ein bestimmtes Bild davon im Kopf: »So ein kleines, nacktes Mädchen rennt irgendwie angeschirrt vor nem Sulky und ein dicker, fetter, alter, hässlicher Kerl sitzt hinten drin und wabert sich da einen ab« (A/1/21ff.). Auch einem Partner von D ist dieses Bild bekannt, wohingegen D selbst sich eher eine Mistress auf der Ponykutsche vorstellte (vgl. D/21/768ff.).

Wenn C sich in seinem Pferd-Outfit in die Öffentlichkeit begibt, bemüht er sich um eine möglichst geringe sexuelle Konnotation in seinem Auftreten (vgl. C/16/670ff.). Vor allem die Reaktionen von Kindern findet er nennenswert:

> »Und die Kinder verstehen sofort, worum es mir zumindest persönlich dabei geht. Dass es eben ein Spiel ist. Ganz salopp gesagt, mache ich das, was ich als kleines Kind auch schon gemacht habe: Pferdchen spielen« (C/16/682–685).

Auch D machte bereits Erfahrungen mit den Reaktionen von Kindern. Es waren zufällig ein Kind und die Nachbarstochter da. Beim Anblick des Play-Ponys sagte die Nachbarstochter:

> »›Wenn ich groß bin, will ich auch mal so eine Maske haben.‹ Und mein Freund hat ihr dann mal seine Maske gegeben, weil die auch ein bisschen kleiner ist und nicht so schwer wie die ganzen Pferdeköpfe. Sie ist dann damit rumgelaufen und war total glücklich. Und dann haben die beiden gefragt, ob sie mit dem Sulky fahren dürfen, und dann sagte die Mama [der Nachbarstochter]: ›Frag doch mal das Pony, ob er nochmal mit euch rumfährt.‹ Und dann hat er sich nochmal festgemacht und ist nochmal mit denen um den Block gefahren. Das war dann schon ganz niedlich. [...] Und da standen Eltern mit ihrem Kind am Straßenrand und das Kind war vielleicht so fünf oder sechs und stand da mit großen Augen und hat [Name]

angeguckt. Und ich fragte: ›Na, willst du mal streicheln?‹, und sie nickte mit ganz großen Augen und hat sich voll gefreut. Für die ist das nur ein Pferd. Ein verkleideter Mensch als Pferd. Und nichts anderes« (D/15/546–558).

B vermutet, dass die (medial-)öffentliche Wahrnehmung auch durch das Verhalten in der Subkultur selbst geprägt wurde:

> »Und sonst eher vielleicht so ein Trend, würde ich sagen, wie es im BDSM-Bereich auch gibt, dass viele Weibchen nicht ganz so, ich sag mal, medial und öffentlichkeitswirksam auftreten, wie das die Männchen zum Teil tun« (B/12/459ff.).

5.13 Petplay als Zoophiliekompensation?

Zu »Zoophilie und Petplay« und der damit zusammenhängenden Behauptung, »Petplay sei eine Kompensation zoophiler Fantasien«, äußern sich alle Expert_innen. Ihnen allen ist der Begriff »Zoophilie« geläufig. Den jeweiligen Definitionen ist gemeinsam, dass es um weit mehr als »Tiere ficken«[98] geht. B, C und D berichten, dass sie von vereinzelten Personen wüssten, die eine zoophile Neigung bei sich erkennen (vgl. C/23/975ff.; D/24/890f.):

> »[I]n diesem ganzen Umfeld [...] [von] Petplay und Furry gibt es wiederum auch Personen, die außer diesem Ganzen auch noch das Attribut Zoophilie irgendwie auf sich draufstempeln können« (vgl. B/16/622ff.).

B grenzt die Zoophilie, die oft mit Petplay assoziiert wird, deutlich als separaten Bereich ab, so wie die verschiedenen Eigenschaf-

98 Das Spektrum reicht von sexuellen Anziehungsgenfühlen bis hin zu tatsächlichen Handlungen mit oder an dem Tier.

ten eines Menschen nebeneinanderstehend betrachtet werden können (B/16/624f.). Vielmehr nimmt er Zoophilie als ein von außen in Petplay hineinprojiziertes Thema wahr, das nicht aus der Subkultur heraus entstand und dem pro-aktiv entgegengetreten wird, und zwar mittels Aufklärung und einem offenen Umgang mit dem Thema (vgl. B/18/664f.; B/18/691ff.). Ferner erklärt B:

> »Zoophilie taucht in dem Zusammenhang immer mal wieder auf, hat aber mit Petplay quasi null zu tun. [...] Vielleicht noch am ehesten: Wenn mal Pferde-Player_innen unterwegs sind, die vor ein Sulky gespannt wurden, und dann vielleicht eine echte Kutsche mit dabei ist oder so in der Richtung. Aber da sind die echten Tiere ja eher, ich sag mal, Dekoration – das ist zwar jetzt ein etwas mieses Wort dafür –, aber so in der Art ist es, aber nicht so, dass mit den echten Tieren direkt so [etwas] stattfinden würde. Oder was es auch gibt, gerade bei den Pferd-Player_innen, dass sie in einer Box im Stall übernachten, während dann ein, zwei Boxen weiter auch die echten Pferde stehen. Mit den echten Pferden passiert nichts weiter, es geht dann nur um den Rahmen und die Situation selbst, dass hier echte Pferde sind, um der Rolle noch näherzukommen« (B/16/621–637).

A betont mehrfach seine Haltung, dass sexuelle Handlungen jeglicher Art nichts im Petplay verloren haben (vgl. Kap. 5.9). Der Ansicht nach von B stehe einem Zusammenhang von zoophiler Kompensation und asexuellem Petplay allein schon der Aspekt der Asexualität aller Petplay-Handlungen entgegen[99] (vgl. B/17/640f.):

---

99 Sofern in diesem Kontext von Bestiality die Rede ist, wo Tiere aktiv in sexuelle Handlungen involviert und/oder auch berührt werden etc. (vgl. Kap. 2), und nicht nur die von Josef Massen kategorisierte Gruppe 1 (»Das zufällige Erlebnis und die latente Zoophilie« sowie »Die zoophile Schaulust«) fokussiert wird.

»Das hat für mich halt auch nichts mit Petplay zu tun. Also nur, weil man Petplay macht, bedingt das nicht automatische zoophile Tendenzen. Weil ich eben genug Leute kenne, die zwar eben dieses Mensch-Tier-Rollenspiel spannend finden, aber deswegen noch lange nicht gleich mit einem echten Pferd oder einem echten Hund schlafen würden« (C/24/980–984).

C kennt von 100 Pony-Player_innen gerade einmal drei, die eine solche Neigung erwähnten (vgl. C/24/1007ff.). D selbst hat und hatte auch nie zoophile Gedanken, solch eine Neigung, so ihre Wahrnehmung, komme doch eher sehr selten vor (vgl. D/24/886ff.). Sie betont jedoch:

»Wenn jemand auf Petplay steht, kommt er dadurch nicht automatisch auf Zoophilie. Und man will jetzt auch nicht seine verkappte Zoophilie automatisch extrem unterdrücken, weil man auf Petplay steht. Das nicht. Ich könnte jetzt noch hinzufügen: Was definiert denn den Menschen letztendlich an sich: ›Oh, wir sind was total anderes als Tiere‹? Nein, sind wir eben nicht. Wir sind auch nur Tiere und triebgesteuert« (D/25/908–912).

Interviewpartner A spezifiziert seine Faszination für den menschlichen Aspekt bei Petplay genauer:

»Und dann auf einmal festzustellen, für einen gewissen Zeitraum mit einem Pferd interagieren zu können, ohne dass ich dafür auf eine Weide muss und so weiter, ist einfach eine sehr coole Verbindung. Und im Nachhinein kann ich mich mit dem Pferdchen zusammensetzen und noch ein Bier trinken« (A/8/261–264).

6 Diskussion

6.1 Zusammenfassung der Befragungsergebnisse

Die geführten Interviews zeigen, dass sich drei der vier Expert_innen schon vor ihren Petplay-Erfahrungen der BDSM-Subkultur zugehörig fühlten, nur einer suchte aufgrund seiner Fantasien direkten Kontakt zu anderen Petplayer_innen (vgl. Kap. 5.2). Zwei kamen via Internetforen und Chats mit der Petplay-Subkultur in Berührung, während die anderen entweder andere beim Petplay beobachteten oder es selbst in ihrer Beziehung auslebten. Alle vier wurden von mir auf einem Petplay-Stammtisch in Berlin angesprochen, sie nahmen aber nicht nur persönlich an solchen Treffen teil, sondern berichteten auch von weiteren Veranstaltungen wie zum Beispiel Wochenendtreffen oder mehrwöchigen gemeinsamen Urlauben.

Die Petplay-Subkultur ist vielfältig vernetzt durch Stammtische, Straßenfeste, Urlaube und Spieletreffen am Nachmittag sowie Online-Angebote in themenspezifizierten Foren und Chats.

Zwei der vier Expert_innen haben sich ein eigenes soziales Netzwerk aufgebaut mit ca. 100 Personen, während einer von ihnen kaum Kontakt zur Subkultur pflegt (vgl. ebd.). Alle hielten sich bezüglich einer Schätzung, wie viele Petplayer_innen es insgesamt im deutschen oder deutschsprachigen Raum gibt, zurück, da die Dunkelziffer allein schon wegen einer fehlenden einheitlichen Definition, die alle Variationen zu erfassen vermag, völlig unklar ist und somit eine Erhebung keine angemessene Validität besitzt (vgl. ebd.). Die Rollen im Petplay verteilen sich nach Aussage der Interviewten auf drei Tiergruppen: Hunde, Katzen und Pferde. Neben diesen gibt es auch Rollen wie Wildtiere, die sich oftmals als Abwandlung der am häufigsten vertretenen Rollen interpretieren lassen: Fuchs, Wolf, Wildkatzenarten und Zebra (vgl. Kap. 5.4 »Petplay – Rollenvielfalt«). Player_innen als Schaf und Eule sind eher die Ausnahme (vgl. ebd.).

Die Eigenschaften, die Pet-Player_innen ihrer individuellen Tierrolle zuschreiben, entsprechen den Attributen »echter« Tiere: Das Pferd symbolisiert Kraft, Stärke und Eleganz und das Beziehungsmuster ist partnerschaftlich geprägt, wohingegen der Hund eher als süß und brav charakterisiert wird (vgl. ebd.).

Ziel der gemeinsamen Interaktion ist die realistische Darstellung des präferierten Tieres (mithilfe von optischen Accessoires wie zum Beispiel Masken oder Ganzkörperanzügen, die Fell simulieren sollen) und der Beziehung von Pet und Owner_in individuell und im Miteinander. Das Pet benutzt nicht mehr die menschliche Sprache und bewegt sich wie das tierische Vorbild (z.B. auf allen Vieren, Hände dürfen nicht mehr wie menschliche Hände benutzt werden). Die_der Owner_in behandelt das Pet ihrer_seiner Rolle entsprechend (vgl. Kap. 5.4 »Petplay – Verhalten«).

Es gibt zudem zwei Spielvarianten: Petplay in der Außendarstellung und Petplay in der Selbstwahrnehmung (vgl. Kap. 5.6). In diesem Kontext wurden verschiedene Interaktionsformen benannt, die sich jeweils nach der Tierrolle und dem individuellen Charakter sowie der physischen Konstitution der_s Einzelnen richten.

Deutlich wurde in allen Interviews das gemeinsame Streben nach »Loslassen« und Entspannung für das Pet. Dies gelingt, indem es (die Person) eine »instinktivere Ebene« des Denkens und der Wahrnehmung erreicht und der sogenannte »Schalter« umgelegt wird (vgl. ebd.). In diesem Zustand fühlen, reagieren und handeln die Pets wie die von ihnen verkörperten Tiere. Die oftmals »fließende Grenze« zum Thema Furry stach in diesem Kontext besonders hervor (vgl. Kap. 5.5). Sowohl Furrys als auch Petplayer_innen verstehen ihre Tierrolle als Teilaspekt ihrer Persönlichkeit, der Unterschied liegt aber laut Expert_innen darin, dass Petplayer_innen diesen Persönlichkeitsanteil nur begrenzt ausleben, indem sie ein Tier *darstellen*, während Furrys ihre Rolle als festen Bestandteil ihrer alltäglichen Identität ansehen, sie *sind* das Tier (vgl. ebd.).

Alle vier Befragten verstehen Petplay als ein Spiel, vergleichbar mit einem Rollenspiel. Nur ein Experte lehnt persönlich diesen Begriff ab, eine Expertin warnt zudem vor einer Verwechslung mit dem Improvisationstheater im Sinne von »ich probiere es mal aus«. Da Petplay ein Teil ihrer selbst darstellt, besitzt es für all vier Befragten eine gewisse Intensität, die nicht mit dem Spielen einer Rolle wie im Theater vergleichbar ist, sondern darüber hinausgeht (vgl. Kap. 5.6).

Der Bezug zu BDSM-Praktiken zeigt sich in allen Gesprächen: sei es die D/S-Struktur, Bondage, die Erniedrigung oder der S/M-Aspekt. Es werden teilweise enge Verknüpfungen mit diesen Praktiken deutlich (vgl. Kap. 5.7). Allerdings erweist sich Petplay weder als gänzlich unter BDSM subsumierbar noch lässt es sich als völlig eigenständige Spielweise ansehen. Daher sind auch hier die Grenzen wieder fließend und abhängig von den einzelnen präferierten Verhaltensweisen (vgl. ebd.).

Da das Thema Fetisch innerhalb der BDSM-Szene selbst dem Akronym untergeordnet wird, lässt sich auch die in den Interviews erwähnte Faszination von optischen und haptischen Reizen bezüglich verschiedener Materialien hierunter zählen (vgl. Kap. 5.9). Anders als im klinisch-pathologischen Sinne benutzen die Gesprächspartner_innen den Begriff Fetisch unter anderem zur Beschreibung einer besonderen Vorliebe für optische Reize und einer gewünschten Individualisierung des eigenen Equipments (vgl. ebd.).

In Bezug auf sexuell konnotierte Handlungen beim Petplay wichen die Meinungen der Expert_innen erheblich voneinander ab. Während A keinerlei sexuelle Handlungen im Petplay wünscht bis hin zum möglichst vollständigen Verdecken aller menschlichen Attribute (vgl. A/7/242ff.), kann B hinsichtlich

Gedanken und Identifikation vom Pet zum Furry wechseln und sich so auch auf sexualisierte Handlungen einlassen (vgl. Kap. 5.9). C empfindet viele Petplay-Aspekte erotisch, aber nicht sexuell erregend und auch der Versuch sexueller Handlungen »gab ihm nichts« (vgl. ebd.). Für D ist Petplay deutlich sexuell konnotiert. Sie beschreibt verschiedene Situationen und Handlungen, in denen sich Petplay und Sexualität überschneiden.

Die Inanspruchnahme von Sexarbeit zum Ausleben einer sexualisierten Petplay-Variation ist B nicht bekannt (vgl. ebd.). Die drei Expert_innen thematisierten diesen Aspekt nicht ausreichend, um hierzu eine Aussage treffen zu können. Allerdings gehen die teilweise gelebten Beziehungskonzepte über eine monogame Zweierbeziehung hinaus, was zeigt, dass entsprechend der Definition einer Subkultur ein eigenes Normen- und Wertesystem innerhalb der BDSM- und Petplay-Subkultur gibt (vgl. Kap. 5.8).

Sexuelle Orientierungen und geschlechtliche Identitäten spielen für die Rollenwahl scheinbar eine untergeordnete Rolle. Die Hunde-Rolle wird jedoch von manchen Expert_innen als »klassisch schwul geprägt« wahrgenommen und meist von sich selbst als männlich definierenden Personen ausgelebt, auch die subjektive Wahrnehmung des Pony-Plays lässt eine Dominanz männlicher Pferde vermuten, wohingegen in männlich-pornografischen Darstellungen vor allem ein Bild von weiblichen, nackten Pony-Mädchen suggeriert wird (vgl. Kap. 5.10).

Die individuellen Outing-Erfahrungen von A, B und C unterscheiden sich vor allem von denen Ds: Die drei Petplayer, die sich selbst als männlich wahrnehmen, erzählten mehreren Personen von ihrer asexuell konnotierten Neigung und machten dabei positive Erfahrungen, während die sich selbst als weiblich definierende Expertin von negativen Reaktionen bei einigen wenigen Outing-Versuchen berichtet (vgl. Kap. 5.11).

Zu öffentlichen und medialen Darstellungen hatten die Befragten unterschiedliche Bilder im Kopf. Experte A kennt zum Beispiel das klischeehafte Bild des nackten Pony-Mädchens und des unangenehmen Mannes auf dem Sulky, das er ablehnt.

D kennt dagegen eine ganz andere Darstellung: die der Mistresse auf der Kutsche mit mehreren Ponys davor (vgl. Kap. 5.10). Diese unterschiedlichen Klischees können mit individuellen Such- und somit Findestrukturen zusammenhängen oder auch an der persönlichen Bewertung des Wahrgenommenen.

Den Umgang mit Kindern empfinden C und D durchaus als angenehm, da sie unvoreingenommen und offen auf die Petplayer_innen reagieren. Kinder nehmen sie so wahr, wie sie auch gerne insgesamt von der Welt wahrgenommen werden möchten: Da ist ein Mensch, der ein Pony spielt (vgl. Kap. 5.12).

Ein von außen an die Subkultur herangetragenes Thema ist Zoophilie, das zwar allen Befragten bekannt ist, aber keine_r von ihnen als für sich relevant empfindet (vgl. Kap. 5.13). Zwar kennen Einzelne Petplayer_innen und Furrys mit zoophilen Neigungen, sie selbst lehnen jedoch eine (sexuelle) Interaktion mit echten Tieren während ihres Petplays ab (vgl. ebd.). B beschreibt es als projiziertes Thema, dem aus der Subkultur heraus mit proaktivem Handeln und Aufklärung begegnet wird (vgl. ebd.).

6.2 Theoretische Generalisierung

Anhand der im Vorfeld aufgestellten Forschungsthesen erfolgt nun die Annäherung an die Beantwortung der Forschungsfrage, indem ich die Thesen mit den Aussagen der Expert_innen und den bisherigen Ergebnissen der theoretischen Überlegungen verknüpfe.

Petplay ist ein Tabu und kein Tabu

Dem Thema Petplay begegnen interessierte Lai_innen eher zufällig und unbeabsichtigt in den Medien. Der im Abendprogramm betriebene Journalismus zu Petplay ist teils sehr voyeuristisch. Auch mediale Beiträge (etwa auf YouTube) sind so inszeniert, als stammten sie aus der Subkultur selbst. Das hier zumeist (sehr sexuell) gefärbte Bild von Petplay weicht deutlich von den Aussagen der befragten Expert_innen ab.

Es ist sehr wahrscheinlich, dass für journalistisch aufbereitete, massentaugliche Film- und Dokumentationsaufnahmen oftmals Sexarbeiter_innen oder Schauspieler_innen engagiert werden, deren Gespräche und Darstellungen bewusst inszeniert werden. In Anbetracht der Aussage von Interviewpartner B bezüglich Sexarbeit (vgl. Kap. 5.9) kann davon ausgegangen werden, dass Sexarbeiter_innen durch ihre beruflichen Praxiserfahrungen ein anderes Bild von Petplay vermitteln als es Privatpersonen tun würden, die eigenmotivierte und auf intimen Beziehungen und Freundschaften beruhende Spielvarianten praktizieren (vgl. Kap. 5.8). Wenn jedoch nach außen ein stark sexualisiertes, fetischisiertes und S/M-fokussiertes Bild von Petplay (re-)produziert wird, das sich von dem der Subkultur zugehörigen Petplayer_innen wesentlich unterscheidet, ist es nachvollziehbar, warum sich manche Menschen teilweise mit ihrem persönlichen Comig-Out zurückhalten aus Sorge vor negativen Konsequenzen (vgl. Kap. 5.11) im Privat- und Berufsleben. Die geschlechtliche Identität und a-/sexuellen Spielweise scheinen in der Bewertung der individuellen Coming-Out-Erfahrungen der befragten Expert_innen eine gewisse Rolle zu spielen (vgl. ebd.).

Petplay ist also ein Thema, über das zunehmend gesprochen wird, aber die Formen (medialer) Darstellungen und (subkultureller) Selbstwahrnehmung unterscheiden sich, wie die Analyse der im Rahmen dieser – nicht repräsentativen – Forschungsarbeit erhobenen Ergebnisse zeigt, stark voneinander.

Grenzen und Potenziale von Petplay in der BDSM-Subkultur

Die Verortung von Petplay innerhalb der BDSM-Subkultur birgt positives Potenzial, zeigt aber auch die Grenzen auf, die mit einer eigenständigen Anerkennung als Teil der sexuellen Vielfalt einhergehen würden.

In früheren, nicht von der Industrialisierung geprägten gesellschaftlichen Strukturen, in denen der engen, intimen Verbindung zwischen Menschen und Tieren (vgl. Kap. 2.2) eine andere Selbstverständlichkeit zugewiesen wurde als in heutigen westlichen, industrialisierten Gesellschaften, würden die Reaktionen vermutlich anders ausfallen, wenn eine erwachsene Person berichtet, sich einem bestimmten Tier sehr verbunden zu fühlen und dieses hin und wieder selbst zu verkörpern. Im Kontext neosexueller Praktiken (vgl. Kap. 2.4) wurde ein geschützter (subkultureller) Rahmen hierfür gefunden, um eine solche Interaktion konsensuell und sicher zu ermöglichen.

Kinder benötigen diesen Rahmen nicht – sie dürfen spielerisch in der Rolle eines Tieres oder als »Besitzer_in eines Tieres« miteinander interagieren, weil das Nachahmen erlebten Verhaltens gesellschaftlich akzeptiert wird (vgl. Kap. 3.2). Tiere in Gefangenschaft zu halten, sie zu vermenschlichen und ihren Sexualtrieb zu kontrollieren (bis hin zur Sterilisation), damit neben der Rangfolge im Haushalt auch die asexuelle Mensch-Tier-Freundschaft erhalten bleiben kann, wird in westlichen Industrienationen nahezu vollständig gebilligt (vgl. Kap. 2.4). Die Liebe zu Haustieren ist vermutlich so alt wie die Menschheit selbst. Seit wann Hunde und Katzen beispielsweise vertraute Begleiter_innen von Menschen sind, lässt sich eher schätzen als belegen. Der Fokus liegt hier auf domestizierten, kontrollierbaren Tieren, die dem Menschen nicht (zu) gefährlich werden können. Dass in dem Wort »Pet«-Play auch das englische Wort für »Haustier« steckt, scheint kein Zufall zu sein. So wirkt die Rollenverteilung (vgl. Kap. 5.4) laut den Expert_innen mit einem Schwerpunkt auf Katzen, Hunden und Pferden wenig überraschend. Es sind die Tiere, die dem Menschen seit Äonen partnerschaftlich und emotional als Haus- und Nutztiere am nächsten stehen.[100] Alle weiteren Wildtiervariationen sind von den Regionen bzw. der

100 Wobei zu bedenken ist, dass Esel, Ziegen und Schafe auch weltweit einen Großteil der Nutztiere ausmachen.

lokalen Fauna abhängig. So dominieren Kobras beispielsweise in der Wahrnehmung der deutschen Naturlandschaft weniger stark als Rotfüchse.

Diese nahe Verbindung und gemeinsame Lebenswelt prägt die subjektive Wahrnehmung von Tieren und beeinflusst die Interpretation von tierischen Verhaltensweisen. Wer mit einem Hund oder einer Katze aufwächst und zusammenlebt, wird sich besser in ihre Rolle einfühlen (oder leichter etwas in sie hineininterpretieren) können als in die eines Okapis oder eines Chamäleons.

Verstärkend wirkt zudem die Sozialisation: Die Darstellung von anthropomorphen und zoomorphen Gestalten in Märchen, Comics oder Geschichten, mit denen Kinder aufwachsen, wirkt sich auf die Wahrnehmung von Mischwesen aus (vgl. Kap. 2.6). Das erklärt vielleicht auch die unterschiedliche Bewertung von vermenschlichten Tieren im Gegensatz zu einer Pet-Rolle: einmal die asexuelle, plüschige Furry-Darstellung im Ganzkörperkostüm (vergleichbar mit US-amerikanischen Sport-Maskottchen) und einmal das erotische oder sexuell konnotierte Auftreten eines Pets mit deutlich sichtbarer menschlicher Anatomie. Im Vergleich zum Plüschkostüm wirkt das Pet optisch auf die erwachsene Wahrnehmung eher fetischisiert. Während sich laut den Interviewpartner_innen Furrys tief verbunden mit einem Tier fühlen und das Tier *sind*, geht es Petplayer_innen um den Ausdruck ihrer emotional-psychischen Persönlichkeit, der sich in der gemeinsamen Interaktion zeigt (vgl. Kap. 5.5). Wie stark die Verhaltensweisen in den Alltag hineinfließen, hängt davon ab, ob das verkörperte bzw. dargestellte Tier ein Teil oder (nur) ein Anteil der eigenen Person ist. Diese Frage kann hier erhebliche Unterschiede ausmachen.[101]

101 Wobei unklar ist, inwiefern sich tierische Verhaltensweisen von Furrys im Alltag von denen der Petplayer_innen unterscheiden. Ein Beispiel hierfür gibt Experte B, als er erzählt, dass er seinen Tail im Alltag auch öffentlich trug.

Fest steht, dass es sich um subkulturelle Strukturen handelt, die mehr oder weniger offen kommuniziert und ausgelebt werden (können). Dies gilt ebenso für – gesellschaftlich akzeptiertere – (erotische) Rollenspiele (vgl. Kap. 3.3).

Hierzu zählt auch die zunehmend öffentlichkeitswirksame Diskussion um BDSM (vgl. Kap. 3.4). In den vergangenen Jahren konnten sich Lieder wie *S & M* von Rihanna (2011) oder die Buchreihe *50 Shades of Grey*[102] (James, 2009[103]) kommerziell erfolgreich durchsetzen und die öffentliche, massenwirksame Auseinandersetzung mit diesen Themen anstoßen. Dies bietet anderen Variationen des BDSM, und so entsprechend der Interviews auch Petplay, ebenfalls eine Möglichkeit, die öffentliche Wahrnehmung zu korrigieren. Bücher wie die von Wilcox und Daniels stellen einen (englischsprachigen) Anfang in der gesellschaftlichen Debatte dar und während der Recherche wurde deutlich, dass vergleichbare Veröffentlichungen im deutschsprachigen Raum bereits »in Arbeit« sind.[104]

Eingebettet im geschützten Rahmen der existierenden BDSM-Subkultur sowie durch seine zahlreichen Überschneidungen mit den BDSM-Praktiken (vgl. ebd.) profitiert Petplay von der zunehmenden Akzeptanz und gegebenenfalls Entpathologisierung von BDSM sowie den positiven Effekten der gesellschaftlichen Auseinandersetzungen mit der Szene. Wie in den Interviews deutlich wird, birgt Petplay eine Vielzahl von

102 Die Darstellungen in dieser Buchreihe werden von Wissenschaftler_innen wie zum Beispiel Benecke (Kriminalpsychologin) sowie der BDSM-Subkultur selbst (Schlagzeilen, 2012) kritisiert, da die dargestellten Handlungen und Interaktionen nicht den Verhaltenskodizes und Regeln innerhalb der Szene entsprechen, sondern eher als psychische und sexuelle Gewalt zu kategorisieren seien.

103 Wurde ab 2009 ursprünglich als Fan-Fiction zur *Twilight*-Saga online veröffentlicht.

104 Dies wurde in Gesprächen mit den Expert_innen während der Akquise beim Stammtisch sowie während der Recherche und Suche nach weiteren geeigneten Interviewpartner_innen deutlich.

Ressourcen (Sozialkontakte, Freizeitgestaltung/Hobby, Entspannung, Sport, Reisen u. v. m.) und wird von den meisten als – wenn auch teils erotisierendes – Spiel betrachtet (vgl. Kap. 5.6).

Im Petplay finden sich Gender-Rollenklischees wieder

Zur öffentlichen Wahrnehmung von Petplay gehört neben der Zugehörigkeit zur BDSM-Subkultur auch beispielsweise ein männlich-heterosexuell-pornografisches Bild vom Pony-Play. Das weibliche Latexpony mit einem Puschel (Federschmuck) auf dem Kopf stellt das wohl am verbreitetste Bild von Petplay dar, wird aber von den Expert_innen nicht als realistisches Abbild der existierenden Rollen innerhalb der Subkultur wahrgenommen (vgl. Kap. 5.12) – auch wenn sich alle zögernd und mit großer Vorsicht zu diesem Aspekt äußerten. Eine ausgeprägte Geschlechterdominanz bei bestimmten Rollen scheint nicht zu existieren, obwohl die subkulturelle Selbstwahrnehmung, wie die Aussagen in den Interviews beweisen, hier von der öffentlichen Zuschreibung abweicht: Die Ponys werden, so die subjektive Meinung der Befragten, häufiger von Personen, die sich selbst als männlich definieren, dargestellt und die Hunderolle scheint eher »klassisch schwul« geprägt zu sein (vgl. Kap. 5.10).

Auffällig war die von D dargestellte und mit B diskutierte Abweichungsoption von der klassisch-monogamen Zweierbeziehung (vgl. Kap. 5.8). Sowohl asexuell als auch sexuell konnotierte Spielweisen in polyamorösen Beziehungen scheinen möglich, auch unabhängig von der geschlechtlichen Identität des_der Partner_in bezüglich der eigenen sexuellen Orientierung und stets abhängig von der individuellen Zielsetzung der Interaktion.

Petplay hat immer mit Sex zu tun

Petplay wird in verschiedenen Online-Enzyklopädien als »erotisches Rollenspiel« kategorisiert und meistens mit Erniedrigung,

Orgasmuskontrolle oder S/M-Praktiken in Verbindung gebracht. Dass Petplay stark sexualisiert praktiziert wird, nehmen die ausgewählten Expert_innen so nicht wahr (vgl. Kap. 5.9). Vielmehr liegt der Fokus auf dem Rollenspiel, dem Ausleben der Mensch-Tier-Interaktion bzw. der möglichst realistischen Darstellung dieser (vgl. Kap. 5.4). Auch zwischen männlich-homosexuellem Petplay und heterosexuellem Petplay muss in diesem Kontext unterschieden werden, da den Interviewaussagen zufolge Ersteres stärker sexuell konnotiert sei (vgl. Kap. 5.10).

Auffällig ist das Aufgreifen des Aspekts der Materialfetischisierung vonseiten aller Expert_innen, was den Schluss zulässt, dass optische und haptische Reize – neben dem der Machtstruktur (D/S) – wesentliche Bestandteile des Petplays sind (vgl. Kap. 5.7, 5.9). In diesem Punkt passt das öffentliche Verständnis von Petplay als »erotisches« Rollenspiel, denn die in den Interviews gewählten Worte und parasprachlichen Äußerungen vermitteln den Eindruck von erotischer Erregung in den beschriebenen Situationen. Dies formuliert D am deutlichsten von allen. C beschreibt die sexuelle Erfahrung, die er mit den Pony-Play-Accessoires gemacht hat, als nicht wiederholenswert. Dass eine erotische Erregung zu sexuellen Handlungen nach der Petplay-Session führen könnte, erscheint denkbar. Die Frage, ob sich Petplay nun als eine Form des sexuellen Vorspiels verstehen lässt, muss im Rahmen dieser Arbeit offenbleiben. Eine vertiefende Beschäftigung mit dieser Fragestellung in einem anderen Forschungsrahmen wäre lohnenswert.[105]

Petplay ist nicht Sex mit Tieren

Auch wenn im Namen dieser Spielart das englische Wort für (Haus-)Tier steckt, gibt es keinerlei Handlungen mit »echten« (Haus-)Tieren. Den Vorurteilen, in denen Petplayer_innen

105 Diese Frage entwickelte sich erst im Verlauf der Auswertung und konnte deshalb in den Interviews nicht ausreichend berücksichtigt werden.

mit sexuellen Tier-Mensch-Handlungen in Verbindung gebracht werden – auch wenn diese laut B nur selten an sie herangetragen werden – wird, wie die Expert_innen berichten, durch pro-aktive Aufklärung entgegengetreten – ein mögliches Mittel, um gegen (unerwünschte) Zuschreibungen wie diese wirkungsvoll anzugehen (vgl. Kap. 5.13).

Stellt man die beschriebenen Verhaltensweisen der Petplayer_innen zum Beispiel den Erläuterungen von Kiok, dem Vorsitzenden der deutschsprachigen Vereinigung ZETA, (Kix, 2013) gegenübergestellt, wird deutlich, dass es sich um keine gleichzusetzende Interaktion handeln kann. Eine mögliche Kompensation zoophiler Neigungen durch Petplay sei dahingestellt und wurde auch von allen Befragten nicht kategorisch ausgeschlossen. Drei von ihnen kennen Petplayer_innen, die sich selbst im Bereich von Zoophilie verorten, aber alle differenzieren in diesem Zusammenhang zwischen einer »zusätzlichen Eigenschaft einer Person« und der »Relevanz[106] für die Handlungen im Petplay« (vgl. Kap. 5.13).

106 Relevanz insofern, ob zoophile Fantasien zum Petplay führten oder die Handlungen/Vorstellungen während des Petplays beeinflussen.

7 Was ist Petplay?

Menschen, die sich mit einem Tier besonders oder sogar spirituell verbunden fühlen, streben in der zeitlich begrenzten Rolle eines Tieres nach einem instinktgeleiteten Denken, Handeln und Wahrnehmen. Dies geschieht in einer zwar partnerschaftlichen Beziehung, aber in einer untergeordneten Rolle zu einem_r vertrauten und bekannten Owner_in oder im Miteinander innerhalb einer Petplay-Tiergruppe (Rudel, Herde), ohne das aktive Involvieren »echter« Tiere. Owner_in und Pet befinden sich in einer artspezifischen oder -typischen Mensch-Tier-Interaktion (Dressur, Apportier-Spiele etc.). Der in der Tierrolle steckende Mensch überträgt dem_r Owner_in die Macht und Aufsicht über sich und lässt sich von ihr_ihm während eines begrenzten Zeitraums führen und anleiten, aber auch pflegen und versorgen.

Für eine möglichst realistische Darstellung und Präsentation eines Tieres kommen neben dem individuellen Verhalten auch vielfältige Hilfsmittel (Kostüm, Equipment etc.) zum Einsatz. Die Tierrollen Hund, Pferd, Katze und alle entsprechenden Wildtiervarianten sind am häufigsten vertreten, aber auch in die Rollen von Schweinen und anderen Nutz- und Wildtieren schlüpfen ein paar wenige.

Das Rollenspiel kann je nach personeller Vorliebe und Situation auch erotische und sexuelle Komponenten enthalten, die zum Beispiel durch einen Materialfetisch der Beteiligten oder andere stimulierende Handlungen bedingt sein können; explizit schwules Petplay ist entsprechend der Aussagen der Interviewten häufiger sexuell konnotiert.

Es existiert eine vernetzte Subkultur, die sich der BDSM-Szene verbunden fühlt, da es neben vereinzelten Vorlieben und individuellen Praktiken vor allem im D/S-Bereich zu deutlichen Überschneidungen kommt.

8 Schlussbetrachtung

Dieses Buch soll einen Blick auf Petplay ermöglichen, der nicht von Pathologisierungen und Tabus getrübt ist oder von einem eher voyeuristisch anmutenden Journalismus dominiert und eingeschränkt wird.

Zwar mangelt es bisher an vielfältigen, wissenschaftlich fundierten Beiträgen zum Thema Petplay, gleichzeitig nimmt jedoch die mediale und gesellschaftliche Sichtbarkeit dieser Praktik zu. Es hat sich eine – wenn auch oft im Verborgenen agierende – Petplay-Subkultur herausgebildet. Diese Publikation eröffnet nun einen wissenschaftlichen Zugang zum Thema Petplay und soll weitere Forschungsarbeiten anregen.

Im Zuge dieser Arbeit kristallisierten sich verschiedene Vertiefungsaspekte zum Thema heraus: Zur Erforschung eines geschichtlichen Ursprungs von Petplay würde es sich anbieten, spirituelle und religiöse Schriften und bildliche Darstellungen über kontinentale und kulturelle Grenzen hinaus in menschlichen Gemeinschaften, deren Lebensrealität stark geprägt ist durch zum Beispiel göttliche Tiergestalten oder eine vielfältige Fauna, ausführlich zu betrachten. Ebenso wären die Differenzierung und Klassifikation von Ausprägungen, Motivationen, Darstellungs- und Rollenvielfalt innerhalb der Petplay-Subkultur und die nähere Untersuchung erotischer und asexueller Konnotationen eine interessante Erweiterung der bisherigen Ergebnisse. Auch steht derzeit noch eine quantitativ-orientierte Forschung aus, die etwa den Anschluss von Petplay an Fragestellungen in der Sexuellen Bildung, Sexualberatung und -therapie ermöglichen würde.

Sexualität ist ein zentrales Bedürfnis eines jeden Menschen und sollte konsensuell und frei von moralischen Restriktionen ausgelebt werden können sowie von einer positiven Sexualwissenschaft gestärkt und geschützt werden, um durch die Einflussnahme auf den gesellschaftlichen Wandel zu Verbesserungen und mehr Verständnis im Miteinander beizutragen.

Literatur

Becher, Ilse (1982). Acheloos. Artemis. Harpyien. Minotauros. Pan. Satyrn. Sirenen. Zentauren. Zeus. In Johannes Irmscher & Renate Johne (Hrsg.), *Lexikon der Antike* (5., durchges. Aufl.). Leipzig: VEB Bibliographisches Institut Leipzig.

Behr, Johann (2007). *Identitätssuche in jugendlichen Subkulturen. Skinheads, Punks und Gothics*. Saarbrücken: VDM, Müller Verlag.

Bund der Evangelischen Kirchen in der DDR und von der Evangelischen Kirche in Deutschland (Hrsg.). (1989). *Die Bibel nach der Übersetzung Martin Luthers. Bibeltext in der revidierten Fassung von 1984*. Berlin, Altenburg: Evangelische Haupt-Bibelgesellschaft.

Bundesministerium für Justiz und für Verbraucherschutz (2013). Tierschutzgesetz. TierSchG. www.gesetze-im-internet.de. http://www.gesetze-im-internet.de/tierschg/__3.html (13.07.2015).

Daniels, Michael (2005). *WOOF! Perspectives into the Erotic Care & Training of the Human Dog* (2. Aufl.). Las Vegas, Nevada: The Nazca Plains Corporation.

Dekkers, Midas (2003). *Geliebtes Tier. Die Geschichte einer innigen Beziehung*. München, Wien: Goldmann Verlag.

Dichtl, Fritz (2008). *Sprechende Tiere in Literatur und visuellen Medien. Eine volkskundliche Untersuchung zur Beziehung Mensch – Tier* [Dissertation]. Universität Augsburg. http://d-nb.info/991283864/34 (13.07.2015).

Dresing, Thorsten & Pehl, Thorsten (2018). *Praxisbuch Interview, Transkription, Analyse. Anleitungen und Regelsysteme für qualitativ Forschende* (8. Aufl.). Marburg. http://www.audiotranskription.de/download/praxisbuch_transkription.pdf?q=Praxisbuch-Transkription.pdf (11.08.2015).

Elb, Norbert (2006). *SM-Sexualität. Selbstorganisation einer sexuellen Subkultur*. Gießen: Psychosozial-Verlag.

Endruweit, Günter & Trommsdorff, Gisela (2002). *Wörterbuch der Soziologie* (2., neubarb. u. erw. Aufl.). Stuttgart: Lucius und Lucius.

Fossier, Robert (2009). *Das Leben im Mittelalter*. München: Piper.

Freud, Sigmund (1905d). Drei Abhandlungen zur Sexualtheorie. In ders., *GW V*, 27, 33–145.

Grimme, Matthias T. J. (2004). *Das SM-Handbuch*. Hamburg: CHARON-Verlag.

Gläser, Jochen & Laudel, Grit (2010). *Experteninterviews und qualitative Inhaltsanalyse* (4. Aufl.). Wiesbaden: VS Verlag für Sozialwissenschaften.

Huizinga, Johan (2011 [1938]). *Homo Ludens. Vom Ursprung der Kultur im Spiel* (22. Aufl.). Hamburg: Rowohlt.

Institut für Sexualforschung Wien (Hrsg.). (1928). *Bilder-Lexikon Kulturgeschichte. Ein Nachschlagewerk für die Begriffe und Erscheinungen auf dem Gebiete der Kulturgeschichte, Sittengeschichte, Folklore, Ethnographie, des Kult- und Mysterienwesens, Gesellschaftslebens, der Chronique Scandaleuse, für Zeitdokumente und Biographien. Ein Sammelwerk sittengeschichtlicher Bilddokumente aller Völker und Zeiten.* Wien: Verlag für Kulturforschung.

Irmscher, Johannes & Johne, Renate (Hrsg.). (1982). *Lexikon der Antike* (5., durchges. Aufl.). Leipzig: VEB Bibliographisches Institut Leipzig.

Kafka, Martin P. (2010 [2009]). The DSM Diagnostic Criteria for Paraphilia Not Otherwise. *Archives of Sexual Behavior, 39*(2), 373–376. DOI 10.1007/s10508-009-9552-0. http:www.antoniocasella.eu/archipsy/KAFKA_2009.pdf, vom 25.09.2009 (10.08.2015).

Kix, Martina (2013). Mann liebt Hund. *NEON* (Mai), 44–48.

Largo, Remo H. (2015). *Babyjahre. Entwicklung und Erziehung in den ersten vier Jahren* (16. Aufl.) München: Piper.

Massen, Josef (1995). *Zoophilie. Die sexuelle Liebe zu Tieren* (2. Aufl.). Köln: Pinto Press Verlag.

Meuser, Michael & Nagel, Ulrike (1991). ExpertInneninterviews – vielfach erprobt, wenig bedacht: ein Beitrag zur qualitativen Methodendiskussion. In Detlef Garz & Klaus Kraimer (Hrsg.), *Qualitativ-empirische Sozialforschung : Konzepte, Methoden, Analysen* (S. 441–471). Opladen: Westdt. Verlag. http://nbn-resolving.de/urn:nbn:de:0168-ssoar-24025 (21.01.2015).

Meyer, Heinz (1975). *Der Mensch und das Tier. Anthropologische und Kultursoziologische Aspekte*. München: Heinz Moos Verlag.

Pevny, Tanja (2014). Verwandlungen in der Kinder- und Jugendliteratur. http://othes.univie.ac.at/34674/1/2014-08-27_0808240.pdf (27.04.2020).

Quindeau, Ilka (2014). *Sexualität*. Gießen: Psychosozial-Verlag.

Ranger, Rebekah & Fedoroff, Paul (2014). Commentary: Zoophilia and the Law. *Journal of the American Academy of Psychiatry and the Law Online, 42*(4), 421–426. http://www.jaapl.org/content/42/4/421.full.pdf+html (13.07.2015).

Rath, Christian (2012). Zoophile gegen das Tierschutzgesetz. »Lecken oder lecken lassen«. *taz*, 26.11.2012. http://www.taz.de/!5078653/ (01.05.2019).

Rudolph, Kurt (1982). Anubis. Horos. Isis. Thot. In Johannes Irmscher und Renate Johne (Hrsg.). *Lexikon der Antike* (5., durchges. Aufl.). Leipzig: VEB Bibliographisches Institut Leipzig.

Sauer, Erika (1996). *Chinesische Astrologie*. Niedernhausen: Bassermann.

Schlagzeilen (2012). BVSM veröffentlicht Lesezeichen als kompakten Ratgeber für Einsteiger und Neugierige. *Schlagzeilen. SM aus der Szene für die Szene.* https://www.schlagzeilen.com/de/news/2652.html (13.07.2015).

Sigusch, Volkmar (2005). *Neosexualitäten. Über den kulturellen Wandel von Liebe und Perversion*. Frankfurt/Main: Campus.

Thiesen, Peter (1993). *Klassische Kinderspiele* (3. Aufl.). Weinheim, Basel: Beltz Verlag.

Wilcox, Rebecca (2008). *The Human Pony. A Guide for Owners, Trainers and Admirers*. Oakland: Greenery Press.

Wilsdorf, Helmut (1982). Pan. In Johannes Irmscher und Renate Johne (Hrsg.). *Lexikon der Antike* (5., durchges. Aufl.). Leipzig: VEB Bibliographisches Institut Leipzig.

Wiseman, Jay (1996). *SM101. A realistic Introduction* (2., durchges., erw. Aufl.). San Fransisco, CA: Greenery Press.

Wolter, Jürgen (2013). *Sodomie. Die verdammte Sexualität. Zwischen Analverkehr und Tierkontakt*. Flensburg: Carls Stephenson.

Anne Deremetz

Die BDSM-Szene

Eine ethnografische Feldstudie

2018 · 236 Seiten · Broschur
ISBN 978-3-8379-2812-9

»[W]as beim BDSM gilt, gilt für jede sexuelle Begegnung. Einvernehmlichkeit macht die Sache nicht weniger aufregend, nicht weniger faszinierend – und auch nicht weniger verstörend. Das Gegenteil ist der Fall. Wenn man sich traut, wirklich ja zu sagen zu einer Begegnung, aber auch zu den eigenen Wünschen, kann Freiheit entstehen.«

Charlotte Theile, SZ, 22.01.2018

»Pervers ist es dann, wenn man keinen mehr findet, der mitmacht.« Oder etwa nicht? Während BDSM-Praktiken für die einen eher befremdlich sind, stellen sie für andere zentrale Bestandteile ihrer persönlichen Sexualität dar. Aber was genau ist BDSM und wie gehört es zur sexuellen Normalität? Anne Deremetz begibt sich direkt in die BDSM-Szene und fragt praktizierende Expert*innen, was BDSM ist, wie es diskursiv hervorgebracht wird und bei welchen Praktiken die BDSM-Szene selbst ihre Grenzen zieht.

Theoretisch verfolgt die Autorin einen sozialkonstruktivistischen und diskurstheoretischen Ansatz, mit dem sich BDSM als interaktionistischer Aushandlungsprozess begreifen lässt. Ausführlich geht Deremetz auf methodologische und forschungsmethodische Aspekte ein, die für forschungsinteressierte Leser*innen und für all diejenigen interessant sind, die eine praktische Anleitung zur Durchführung von Feldstudien suchen.